北京文博

文丛

二〇一八年第三辑

北京市文物局 编

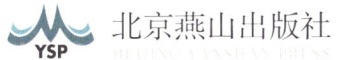

北京燕山出版社

图书在版编目（CIP）数据

北京文博文丛. 2018. 第3辑 / 祁庆国主编. -- 北京：北京燕山出版社，2018.10

ISBN 978-7-5402-5306-6

Ⅰ.①北… Ⅱ.①祁… Ⅲ.①文物工作 – 北京 – 文集 ②博物馆 – 工作 – 北京 – 文集 Ⅳ.①G269.271-53

中国版本图书馆CIP数据核字(2019)第001076号

北京文博文丛·2018·第3辑

出版发行：北京燕山出版社有限公司

社　　址：北京市丰台区东铁营苇子坑路138号　100079

责任编辑：朱　菁　任　臻

版式设计：肖　晓

印　　刷：北京画中画印刷有限公司

开　　本：787mm×1092mm　1/16

印　　张：8

字　　数：181千字

版　　次：2018年10月第1版

印　　次：2018年10月第1次印刷

ISBN 978-7-5402-5306-6

定　　价：48.00元

北京文博

2018年第3辑（总92期）

北京史地

1　东周燕国量制初步研究
　　胡传耸

12　蒜市口 蒜市口大街 蒜市口地方：谈曹雪芹崇外故居研究中的几个概念
　　——兼及曹雪芹的北京城市交游、成长与纪念
　　樊志斌

21　《邵农纪典》：乾隆皇帝与北京先农坛
　　张　敏

文物研究

26　王绎、倪瓒合作《杨竹西小像》相关问题研究
　　丁　霏

33　北京孔庙藏明代《孔子圣迹图》考略
　　李振瑞　绳　博

40　首都博物馆藏成化御窑斗彩葡萄纹杯考述
　　王鸿雁

47　明代敕武略将军锦衣卫副千户赵公(恭)墓志铭考
　　李　迪

53　浅析清代宁夏栽绒地毯的工艺特色及时代特征
　　白　兰

59　徐悲鸿与广西的不解情缘
　　佟　刚

考古研究

65　固安县方城村明代墓群发掘简报
　　廊坊市文物管理处

70　北京市通州区西集镇明清墓葬发掘简报
　　北京市文物研究所

主办单位：北京市文物局
编辑出版：《北京文博》编辑部
　　　　　北京燕山出版社
网址：http://www.bjmuseumnet.org
邮箱：bjwb1995@126.com

目录 | Contents

77　北京市昌平区朱辛庄明清墓葬发掘简报
　　北京市文物研究所

博物馆研究

93　文物展览用可拆解式黄铜支架的设计与制作
　　刘彦琪

99　试谈3D打印技术在博物馆文创产品开发中的应用
　　马玉静

104　带博物馆文化回家——浅析北京文博交流馆文创产品的开发思路
　　杨薇

文物保护

114　以智化寺为例浅析古建筑群火灾危险性及防护措施
　　孙淼

文献资料

120　北京市文物局2018年二季度文博事业大事记
　　北京市文物局办公室

声明

为适应我国信息化建设，扩大本辑刊及作者知识信息交流渠道，本辑刊已被《中国学术期刊网络出版总库》及CNKI系列数据库收录，作者文章著作权使用费与本辑刊稿酬一次性给付。免费提供作者文章引用统计分析资料。如作者不同意文章被收录，请在来稿时向本辑刊声明，本辑刊将做适当处理。

《北京文博》编辑委员会

顾　问：李学勤　吕济民

主　任：李伯谦

副主任：舒小峰　孔繁峙　王世仁
　　　　齐　心　马希桂　吴梦麟
　　　　信立祥　葛英会　靳枫毅
　　　　郭小凌

编委会委员：（以姓氏笔画为序）
于　平　王　丹　王　岗　王丹江
王玉伟　王有泉　王培伍　王清林
卢迎红　白　岩　向德春　刘素凯
刘超英　齐东发　关战修　许　伟
许立华　宋向光　杨玉莲　杨曙光
李　晨　李建平　肖元春　吴志友
何　沛　张德华　范　军　哈　骏
侯兆年　侯　明　郗志群　高小龙
高凯军　郭　豹　崔国民　韩　更
韩战明　谭烈飞　薛　俭

主　　编：祁庆国
执行主编：韩建识
编辑部主任：高智伟
本辑编辑：韩建识　陈　倩
　　　　　高智伟　康乃瑶　侯海洋

Beijing Cultural Relics and Museums

No. 3, 2018

HISTORY AND GEOGRAPHY OF BEIJING

1 MPreliminary Research of Quantity System of the Yan State of the Eastern Zhou Dynasty
by Hu Chuansong

12 Suanshikou蒜市口,Suanshikou Street, Suanshikou Place:Talk about the Several Concepts in the Research of the Former Residence of Cao Xueqin Outside Chongwenmen, Concurrently about the Intercourse in Beijing City, Growth and Commemoration of Cao Xueqin
by Fan Zhibin

21 Shaonongjidian邵农纪典: Emperor Qianlong and the Agricultural God Altar, Beijing
by Zhang Min

CULTURAL RELICS RESEARCH

26 Research of the Relevant Issues of "Yang Zhuxi杨竹西 Portrait" Collaborated by Wang Yi王绎 and Ni Zan倪瓒
by Ding Fei

33 A Brief Study of "The Painting of the Sacred Footprints of Confucius" of Ming Dynasty Collected in the Beijing Confucius Temple
by Li Ruizhen,Sheng Bo

40 Study of "Chenghua Imperial Kiln Dou Cai斗彩Grape Grain Cup" Collected in the Capital Museum
by Wang Hongyan

47 Study of the Epitaph of Zhao Gong赵恭, the Deceased General Wulüe 武略 Jinyiwei锦衣卫 Deputy Thousand Households of Ming Dynasty
by Li Di

53 Analysis on the Craft Features and Times Characteristics of Ningxia Knotted Carpet of Qing Dynasty
by Bai Lan

59 The Inseparable Love of Xu Beihong with Guangxi
by Tong Gang

目录 | Contents

ARCHAEOLOGICAL RESEARCH

65   Brief Report on Excavation of Tomb Groups of Ming Dynasty in Fangcheng Village, Gu'an County
        by Cultural Relics Management Office of Langfang City

70   Brief Report on Excavation of Tombs of Ming and Qing Dynasties in Xiji Town, Tongzhou District, Beijing City
        by Beijing Cultural Relics Research Institute

77   Brief Report on Excavation of Tombs of Ming and Qing Dynasties in Zhuxinzhuang, Changping District, Beijing City
        by Beijing Cultural Relics Research Institute

MUSEOLOGY RESEARCH

93   Design and Manufacture of Detachable Brass Bracket Used in the Cultural Relics Exhibition
        by Liu Yanqi

99   Try to Talk about the Application of the 3D Printing Technology in the Museum Cultural Creative Product Development
        by Ma Yujing

104   Bring Home the Museum Culture: Analysis on the Development Ideas of the Cultural Creative Product of the Beijing Wenbo Exchange Museum
        by Yang Wei

CULTURAL RELICS PROTECTION

114   Analysis on the Danger of Fire of Ancient Building Groups from a Case Study of Zhihua Temple
        by Sun Miao

DOCUMENTS AND MATERIALS

120   Chronicle of Events Concerning Cultural Relics and Museums of the Beijing Municipal Administration Bureau of Cultural Heritage (2nd Quarter of 2018)
        by Office of Beijing Municipal Administration of Cultural Heritage

---

Editorial Board of *Beijing Wenbo*

Advisors: Li Xueqin, Lü Jimin

Chairman: Li Boqian

Vice-chairmen:

Shu Xiaofeng, Kong Fanzhi, Wang Shiren, Qi Xin,

Ma Xigui, Wu Menglin, Xin Lixiang, Ge Yinghui,

Jin Fengyi, Guo Xiaoling

Members:

Yu Ping, Wang Dan, Wang Gang,

Wang Danjiang, Wang Yuwei, Wang Youquan,

Wang Peiwu, Wang Qinglin, Lu Yinghong,

Bai Yan, Xiang Dechun, Liu Sukai, Liu Chaoying,

Qi Dongfa, Guan Zhanxiu, Xu Wei, Xu Lihua,

Song Xiangguang, Yang Yulian, Yang Shuguang,

Li Chen, Li Jianping, Xiao Yuanchun, Wu Zhiyou,

He Pei, Zhang Dehua, Fan Jun, Ha Jun,

Hou Zhaonian, Hou Ming, Xi Zhiqun,

Gao Xiaolong, Gao Kaijun, Guo Bao, Cui Guomin,

Han Geng, Han Zhanming, Tan Liefei, Xue Jian

Editor-in-chief: Qi Qingguo

Executive Editor: Han Jianshi

Director of the Editorial Office: Gao Zhiwei

Managing Editors of this Volume:

Han Jianshi, Chen Qian, Gao Zhiwei, Kang Naiyao

Hou Haiyang

东周燕国量制初步研究

胡传耸

中国古代对于物体容量、体积的计量称为"量",《尹文子·大道》称"以量受多少"[1],《汉书·律历志》称为"嘉量",并具体阐释其内容:"量者,龠、合、升、斗、斛也,所以量多少也。本起于黄钟之龠,用度数审其容,以子穀秬黍中者千有二百实其龠,以井水准其概,合龠为合,十合为升,十升为斗,十斗为斛,而五量嘉矣。"[2]

古代容量的计量,涉及到计量思想、计量器具、计量单位、计量制度等一系列的内容,本文用"量制"来统称这些内容。量制涉及到社会的方方面面,与计量长短的尺度、计量轻重的权衡,一起构成古代经济和社会发展的技术基础。它们不仅是政治管理、社会治理的重要内容,也是商业交换、手工业生产、建筑营造、交通城防等各领域的必要工具。东周时期是中国古代量制发展的第一个高峰时期,不乏生动的事例证明量制在社会中的重要作用,比如战国初期齐国政权的更替过程中,田氏利用量制发挥的作用:"齐旧四量,豆、区、釜、钟。四升为豆,各自其四,以登于釜。釜十则钟。陈氏三量皆登一焉,钟乃大矣。以家量贷,而以公量收之。山木如市,弗加于山;鱼、盐、蜃、蛤,弗加于海。民三其力,二入于公,而衣食其一。公聚朽蠹,而三老冻馁。国之诸市,屦贱踊贵。民人痛疾,而或燠休之。其爱之如父母,而归之如流水。欲无获民,将焉辟之。"[3]

《左传》的这段记载,详细地展现了齐国的量制单位、进位关系、历史变革及其作用等基本内容,是东周度量衡史研究的重要文献依据。不过,综观传世文献史料和考古发现的文物资料,东周时期各国的度量衡制度各不相同,量制方面的差异,表现尤为突出,与齐国临境的燕、赵诸国,量制即与齐国大不相同。因之,东周量制的研究,首要的是以国别为限,分别梳理出东周各国的量制内容。传世文物与考古发现的新资料表明,东周燕国的量制,单位名称、量值、量具等方面均呈现出较为独立的特色,本文拟结合前人的相关论述,对东周燕国量制做一个综合的考察。传世先秦文献史料中,基本看不到关于东周燕国量制的记载,传世与考古发现的燕国文物资料中,有一部分陶量器,还有一些铜器上刻有标示这些铜器容量的铭文(为行文方便,我们将这类铜器称为"记容铜器"),这些文物资料是目前我们考察东周燕国量制的主要依据。

一、记容铜器

1. 襄安君鈚

襄安君鈚原为清代山东潍县陈介祺旧藏,后归黄濬尊古斋,现藏于中国国家博物馆,铭文见《殷周金文集成》(下文均简称为《集成》)9606[4]。该器直口,扁腹,圈足,通体素面无纹饰,肩上及腹部两侧有四枚铺首衔环[5](图一),肩上有"西""乐"两处刻铭,圈足侧面有"襄安君其鈚贰鷇"7字刻铭(图二)。1958年,朱德熙先生发表《战国记容铜器刻辞考释四篇》,考释其圈足刻铭为"繁安君

图一 襄安君釶

图二 襄安君釶铭文

其鈃式𣪘"（引按，之后朱先生另文中改释首字为"缠"），提出铭文末字"𣪘"为一斗二升的容量单位[6]。1983年，黄盛璋先生考释圈足刻铭为"襄安君其釶式𣪘"，首次提出襄安君釶应为燕器，釶为铜扁壶一类器物自名，也可作"錍"，指出"襄安"为燕地，襄安君为燕昭王之亲属，见于马王堆帛书《战国纵横家书》及《战国策·赵策》，认同马王堆汉墓帛书整理小组"可能是燕国昭王之弟"的观点。如此，则襄安君釶的年代当属战国中晚期之际。黄先生同时提出，襄安君釶所用"𣪘"为燕国量制，与他国不同，"𣪘即燕国量制单位，𣪘即等于三晋和秦的斗，不应再变为斗"[7]。黄先生的意见甚是，为后来丘光明先生所著《中国历代度量衡考》和《中国科学技术史·度量衡卷》接受，影响广泛。

"𣪘"在传世先秦古书中，两见于《考工记》：其一见于"陶人"节，"陶人为甗，实二鬴，厚半寸，唇寸。盆，实二鬴，厚半寸，唇寸。甑，实二鬴，厚半寸，唇寸，七穿。鬲，实五𣪘，厚半寸，唇寸。庾，实二𣪘，厚半寸，唇寸。"此节郑玄注引郑司农云："𣪘读为斛，𣪘受三斗，《聘礼记》有斛。"郑玄则认为"豆实三而成𣪘，则𣪘受斗二升"[8]。其二见于"瓬人"篇，"瓬人为簋，实一𣪘，崇尺，厚半寸，唇寸，豆实三而成𣪘，崇尺。凡陶瓬之事，髺垦薛暴不入市。器中膊，豆中悬。膊崇四尺，方四寸"。此节郑玄注："豆实四升。"[9]

二郑关于𣪘的单位量值，已起争议，以郑众所云，则𣪘为三斗，当三十升，以郑玄所言，𣪘为三豆，当一斗二升。《说文解字》鬲部云："鼎属，实五𣪘，斗二升曰𣪘。"[10]与郑玄所称相同。后世多以一斗二升为𣪘的单位量值。

1951年1月，朱德熙先生由尊古斋借得该器，对其容量进行了测量，测得襄安君釶的容量为3563毫升，虽然朱先生指出𣪘为量制单位，但当时仍以升、斗制考察其容量，因此据一𣪘为一斗二升计算，得一斗之值为1484.58毫升，直到1983年黄盛璋先生确认𣪘为燕国特有的量制单位时，才明确提出𣪘的单位量值应为1781.5毫升，并根据这个数值认为，"汉儒之说于古无证，两说（引按，即三斗说和一斗二升说）皆未足据"。

2. 重金錍

此器为清代端方旧藏，现在美国，铭文见《集成》9617（图三）。该器直口，扁方体，方圈足，通体饰方折云雷纹（图四）。1958年，朱德熙先生释其铭为"百卅八重金釙□一𣪘六□"，以𣪘为一斗二升[11]。1983年，黄盛璋先生将此器定为燕国铜器，释其铭为"百卅八重金錍□一𣪘六絎"，认为第七字为"容"一类的字，𣪘、絎为上下两级量制单位[12]，同年发表的朱德熙先生《古文字考释四篇》一文[13]，将该字考释为"受"字。1984年，黄盛璋先生另一文中，将原释为"絎"的末字改写为"紓"，称这一写法"从古文字学上

图四 重金䅎

图六 王后左相室鼎（商承
祚旧藏）铭文（鼎身） 　图七 重金壶铭文

3. 十年方壶

据黄盛璋先生介绍，此器原是清宫旧藏，著录于《西清古鉴》，乾隆年间仍存，以后未再见著录[17]。黄先生定为燕国铜器，考释其铭文为"十年大夫=乘八月内府（？）□侯恭其宝也""王后右西（曹）十𢿌七䋁"（图五）。《西清古鉴》记载该器体量甚大，高度合清代一尺五寸一分，约合今48厘米有余，容量达十𢿌七䋁，为目前所见燕国记容铜器中容量最大的一件，可惜未经测量，无法据以测算燕国量制。

4. 王后左相室鼎

此鼎为商承祚先生旧藏，铭文见《集成》2360（图六）。黄盛璋先生定为燕国铜器。鼎盖有5字刻铭为"王后左相室"，鼎身有8字刻铭，黄盛璋先生释为"王后左相室九䋁氏（器）"[18]（关于两铭中的第四字"相"，又有私、和、枏等几种释法，目前尚无定论，下文中如在其他器物中涉及该字，凡引文均用所引原文所释私、和、枏等字，如非引文，则取"相"字释文）。据张懋镕先生的记述，该鼎通盖高17.5厘米、腹深9.1厘米、口

图三 重金䅎铭文　图五 十年方壶铭文

并不能说是获得了解决……故铭文中最后一字尚有待今后确认"[14]（因此字释读争议较多，下文除引文外，皆以"䋁"代该字行文）。1985年，李家浩先生将该字释为"鵴"，读为"掬"（详下文"重金壶"节）[15]。1989年，黄先生又将末字改释为"䋞"，并认为该单位与𢿌可能是十进制关系[16]。

重金䅎未经测量，无法据以测算燕国量制。

径15.6厘米[19]。可惜亦无容量数据。

5. 重金壶

1982年江苏淮阴市盱眙县南窑庄发现一座楚汉文物窖藏，出土一件铜壶，内装36枚黄金铸币，铜壶制作精美，外套错金银虬龙铜络，通高24厘米、口径12.8厘米、腹径22.2厘米、圈足径13.8厘米，重6250克，容量为3000毫升。壶口内沿刻11字铭文（图七），姚迁先生定为战国楚器，释其铭为"廿五重金络壶容一㪷五升"，认为㪷可能是斗的异体字，壶的容量为十五升，由此折合楚制一升为200毫升[20]。同年，吴蒙先生著文指出壶的容量应当是一觳五升[21]。1984年，黄盛璋先生撰文指出该器应为燕国铜器，考释其铭文为"廿五重，金络镡（？）受一觳五斜"，认为镡应是铜壶的自名[22]。1985年，李家浩先生亦指出此铜壶应为燕国铜器，考释铜壶铭文为"廿二，重金络壶，受一觳五鵤"，在比较西周至战国时期"壶"字写法演变的基础上，把铭文第五字释为"壶"，所论甚是，李先生将铭文最后一字释为从"鸟"从"又"的字，疑为见于文献的"鵤"，读为"掬"，认为"一掬之值也就是一升之值"，指出这个字是比"觳"低一级的容量单位，以十二鵤（掬）为一觳，求得一掬之值约为176.47毫升，一觳之值约为2117.64毫升[23]。

1988年，周晓陆先生释读出重金壶圈足外部铭文，内容为齐宣王五年（前315年）齐国陈璋伐燕国的事，铭文记载重金壶确为燕国铜器，是齐燕战争中陈璋取得的战利品[24]。由此可知，重金壶的年代不晚于战国中期。

6. 永用析涅壶

1981年7月，山西省文水县上贤村发现一批铜器，胡振祺先生撰文介绍了出土铜器的情况，其中一件铜壶上刻有铭文（图八）。铜壶侈口，鼓腹，腹部两侧有兽面衔环双耳，通体素面无纹饰，通高32厘米、口径12.3厘米、底径16厘米、腹围30厘米，重8450克，以水测量容积为11200毫升，肩部一侧阴刻九字铭文，铭文外侧有错银边框，胡振祺先生考释铭文前五字为"永用析涅界"，后面四字未识[25]。同年，李学勤先生撰文讨论该器，指出铜壶应为战国晚期燕国铜器，考释其铭文为"永用札涅，受六觳四□"，末字未释，但提出"燕器铭中在觳

图九　王后左相室鼎（清涧征集）

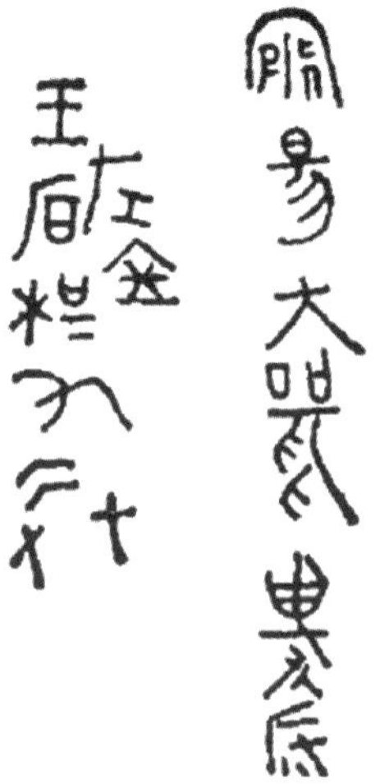

图八　永用札涅壶铭文

图一〇　王后左相室鼎铭文

下面一级的容量单位，一般从'寸'，只有上贤村壶从'支'。由其数不超过九看，与𣪘的关系可能是十进的。𣪘为一斗二升，则这一单位当近于一升。在文献里，与升接近的容量单位只有溢。《孔丛子·小尔雅》云'一斤之盛谓之溢，两手谓之掬。'溢的大小有两说。《考工记·陶人》贾疏引《小尔雅》云：'匊二升。'是溢即等于一升。《仪礼·丧服》郑注则以溢为一又二十四分之一升，系自重量单位的益推论。燕器铭中这个接近一升的容量单位是否与溢有关，或者是一个不见于传世古籍的单位，尚待研究"。李先生以𣪘为一斗二升、下一级单位为十分之一𣪘计算，得壶容积相当于76.8升，每升约当145.8毫升[26]。

7. 王后左相室鼎

1983年，清涧县文化馆征集到一件战国铜鼎，高雪先生撰文进行了介绍。铜鼎有盖，盖顶有三个圆纽，鼎身敛口圆腹，两侧附耳，细高足（图九），高16.5厘米、口径15厘米，重2500克，口沿下刻一周铭文（图一〇），高雪先生释为"□易大□□□""王后左相室九□"，并据器形与铭文定为战国楚鼎[27]。何琳仪先生指出清涧铜鼎应为燕国铜器，释读鼎身铭文为"□易（阳）大哭（器），受九ᵷ，王后左和室，九ᾍ"[28]。今按，铭中第七字

图一二　王太后鼎铭文

即是紆无疑，按照燕国记容铭文的一般格式，末字亦或是紆。该鼎未经测量容量，无法据以测算燕国量制。

8. 王太后右相室鼎

1994年，张懋镕、王勇先生撰文介绍了一件"王太后右和室"铜鼎，判断为战国晚期燕国铜鼎[29]。该鼎出于陕西省澄城县，鼎盖上有三环纽，敛口，鼓腹，蹄足，通高16厘米、通耳高16.8厘米、足高7.1厘米、耳高6厘米、纽高2.4厘米、最大腹外径18厘米，鼎耳外侧刻"王大（太）后右和室"六字铭文，鼎盖边缘刻"一𣪘"二字铭文，口沿下有同样内容的二处铭文（张、王二位先生认为此二处铭文乃是伪刻，兹不具引。另，本文将张、王二位先生所释"和"字释为"相"字）。该鼎未经测量容量，无法据以测算燕国量制。

9. 王太后鼎

2005年，洛阳大学文物馆收藏了一件战国有铭铜鼎，相传系20世纪40年代初出土于洛阳，2006年，刘余力、蔡运章先生撰文对这件铜鼎进行了介绍和讨论。铜鼎有盖，盖上有三环纽，附耳，蹄足，素面无纹饰，通高14.3厘米、腹径18.6厘米、口径16.2厘米、耳宽21.5厘米，重2470克，实测容水1860毫升（图一一）。鼎身共刻有七处铭文，鼎盖右侧竖刻"王

图一一　王太后鼎（洛阳大学藏）

大后"三字铭文,鼎盖左侧刻铭仅存"白马广平昌夫"六字,鼎腹口沿正面横刻"白马广平侯昌夫"七字、"大子左私室"五字铭文,口沿侧面横刻"一𣪘"二字铭文(图一二),左耳侧面刻"室"一字,底部刻"X"一字。刘、蔡二位先生认为铜鼎为战国晚期燕国铜器,其中"王大后""大子左私室""一𣪘""X"四处铭文为燕国刻铭,其余三处铭文为流入秦国之后补刻,并结合盱眙重金壶、文水永用札涅壶的情况,认为燕国"一𣪘的容量当为2000毫升,正合10掬……一𣪘的容量,与当时一斗的容量基本相合"[30]。

二、陶量

1.燕下都陶量

根据我们粗略统计,河北易县燕下都遗址出土的陶量,数量不少于30件,《燕下都》考古报告里发表了基本资料的有6件[31],但是很遗憾,都没有测量容量,因此这些陶量在以往的度量衡史研究中鲜被提及。为了尽可能把这些珍贵的资料利用起来,我们根据《燕下都》报告提供的基本数据和图纸,利用AutoCAD软件,对燕下都6件陶量的容量进行了测算。测算的具体方法为:首先把陶量图扫描后插入CAD,在陶量纵剖图上,沿陶量内腔和中线描边,从而抽出陶量内腔的半截面,然后依据《燕下都》报告提供的陶量高度、口径、底径等数据,将这个半截面复原为陶量的原始尺寸,进而将这个半截面以右侧边线(即原陶量纵剖图上的中线,也相当于陶量的中心轴线)进行360度的旋转,可以得到一个中部圆鼓的圆台体模型,通过Massprop命令,即可得到这个圆台体模型的体积(图一三)。理想状态下,通过CAD计算的圆台体体积,就是陶量的容积,但是,考虑到从实物转化为图纸、再经由CAD建模这个过程中,实物本身形体的规则与否、图纸的精确程度都会影响我们的计算。因此,只能说这个圆台体的体积基本接近于陶量的实际容量,其中必然存在一些误差,我们在下文中把通过CAD计算得到的陶量内腔容积,称为计算容积。我们把燕下都出土陶量的情况列于下面。

战国早期,仅见1件,西沈村19号居住址T35②H114:7(下文简称"燕下都H114:7"),敛口平沿,弧壁,平底。腹部一侧有一略呈半圆形的扳手。口径7.8厘米、底径9.3厘米、高20.4厘米(图一四)。计算容积约为1778毫升。

战国中期,见3件:

老爷庙台西南27号建筑遗址T2②H3:3(下文简称"燕下都H3:3"),泥质灰陶,敛口,腹部有一圆形扳手。口径8厘米(引按,《燕下都》原文口径为4厘米,经我们据图纸测算,原文"4"其实是陶量口内径的半径,今据图纸测算改为8厘米)、高20厘米(图一五)。计算容积约为1629毫升。

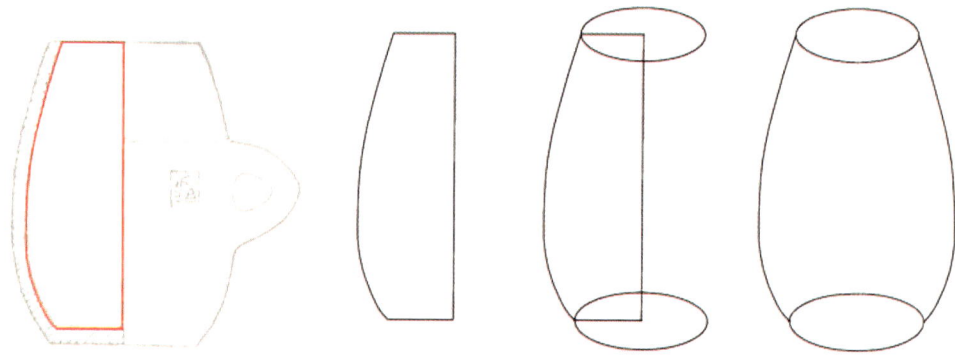

图一三 陶量容积测算方法示意图

郎井村西北10号作坊遗址T77①H467:8（下文简称"燕下都H467:8"），敛口、平沿、鼓腹、平底，腹一侧中部有一个半圆形扳手。口径7.8厘米、底径8.7厘米、高19.8厘米。计算容积约为1926毫升。

郎井村西北10号作坊遗址T50④H106:36（下文简称"燕下都H106:36"），敛口、平沿、鼓腹、平底，腹一侧有一个半圆形扳手。口径8.8厘米、底径11.2厘米、高15.6厘米。计算容积约为2111毫升。

战国晚期，见2件：

郎井村西北10号作坊遗址T51③H308:18（下文简称"燕下都H308:18"），泥质灰陶，敛口、平沿、鼓腹、平底，腹一侧中部有一环形扳手。口径8.4厘米、底径8.8厘米、高19.4厘米（图一六）。计算容积约为2122毫升。

西贯城村9号居住址T8③H24:1（下文简称"燕下都H24:1"），泥质红陶，敛口、平沿、鼓腹、平底，腹一侧有圆形捉手。通体磨光。腹下部有隐约可见的绳纹。口径9.2厘米、底10.6厘米、高15.5厘米。计算容积约为1593毫升。

综合来看，燕下都陶量的容量，可以明显分为两类，一类容量较小，包括H114:7、H3:3、H24:1，容量约在1600毫升～1800毫升之间，我们称为Ⅰ类陶量；另一类容量偏大，包括H467:8、H106:36、H308:18，容量约在2000毫升上下，我们称为Ⅱ类陶量。如果考虑出土环境的话，Ⅰ类陶量分别出土于不同的居住遗址，Ⅱ类陶量无一例外均出土于作坊遗址。

2. 东欢坨陶量

1989年，河北省文物研究所、唐山市文物管理处等联合发掘了唐山东欢坨遗址，《唐山东欢坨战国遗址发掘报告》（下文简称《东欢坨报告》）将遗址的年代定为战国中期偏晚阶段[32]。东欢坨遗址出土1件陶量，编号H216:1，形制与燕下都所见陶量近似，据《东欢坨报告》介绍，该陶量为泥质灰陶，弧腹、平底，腹部一侧有一耳，底面刻划有"三"字，修复后经测量，可装小米1650克于量内，报告中据此推测这件陶量应当为"斗"量。《东欢坨报告》没有测量陶量的容量，也没有发表陶量的基本数据，仅公布了陶量图（图一七），即《东欢坨报告》图二一第1图，据图下说明文字知该图比例为1/10，据原图纸测量，图纸陶量高1.5厘米、内深1.4厘米、口内半径0.6厘米、底内半径0.5厘米。据此可推知陶量原高15厘米、内深14厘米、口内径12厘米、底内径10厘米，据此，按照燕下都陶量的测算方法，我们由CAD得到东欢坨H216:1陶量的计算容积约为2012毫升。

三、燕国量制总结

1. 燕国量制资料的年代

本文共收集到东周燕国陶量器、记容铜器计16件，陶量器分别出土于河北易县燕下都遗址、唐山东欢坨遗址，出土单位和层位信息清楚，发掘报告均给出明确的年代判断，战国中期所见最多，有4件，战国早期1件，战国晚期2件。记容铜器中，襄安君鈚、盱眙出土重金壶铭文与传世文献对照，可知其年代，根据前文所引黄盛璋、周晓陆等先生的讨论，重金壶不

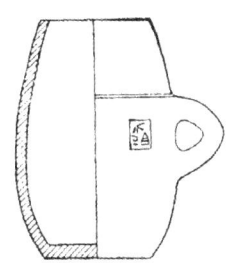
图一四 燕下都H114:7

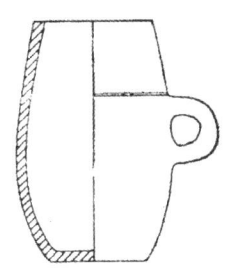
图一五 燕下都H3:3

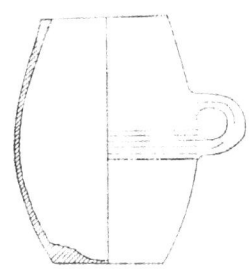
图一六 燕下都H308:18

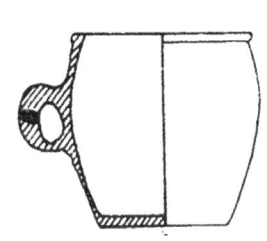
图一七 东欢坨H216:1

晚于齐宣王五年（公元前315年），年代定在战国中期，襄安君为燕昭王之弟，燕昭王在位年代为公元前311年～公元前279年，则襄安君钶的年代定在战国中晚期之际，较重金壶略晚。清涧征集王后左相室鼎，与澄城、洛阳大学两件王太后鼎形制近似，其细高蹄形足的形制，乃是战国晚期铜鼎的典型特征，前引张懋镕、刘余力等先生的论述已阐明，商承祚先生旧藏王后左相室鼎，未见影像，但其铭文所记容量、器体大小均与前述王后鼎、王太后鼎近似，我们推测其年代亦当在战国晚期。其余两件传世铜器重金钶、十年方壶诸家定为战国时期，向无异议，但因不见器形，具体年代尚难细分。综上所述，目前所见燕国量制资料，战国早期1件，战国中期5件，战国晚期8件（表一）。

量制单位方面，战国早期尚未见到铭刻文字资料，因而无法确知当时量制的单位名称。战国中期的重金壶，已明确显示燕国量制实行"觳—䋈"两级量制单位，战国晚期的记容铜器中，"觳—䋈"两级量制单位多次出现，东欢坨陶量与已发表的燕下都陶量上，尚未见到明确的量制单位[33]。由此可知，战国中期、晚期，燕国量制中，使用"觳—䋈"两级量制单位，二者为相临的两级单位，觳以上、䋈以下是否还存在其他单位，暂时还不清楚。

2. 量制单位与量值

东周燕国的量制单位，均见于记容铜器，因此，讨论单位的量值，需从记容铜器入手，再结合陶量器的计算容积进行考察。我们按时代顺序进行讨论。

第一，战国中期，由重金壶可知：

1觳+5䋈＝3000毫升

觳与䋈的进制，有十进制、十二进制两说，见前不赘。以十进制计算，1觳约为2000毫升，1䋈约为200毫升。以十二进制计算，则1觳约为2116.8毫升，1䋈约为176.4毫升。

同时，我们知道战国中期燕下都H3:3、H467:8、H106:36及东欢坨H216:1这4件陶量器的计算容积分别为1629毫升、1926毫升、2111毫升、2012毫升，重金壶在两种进制下测算出来的"觳"的量值，均与后三者数值近似，即在2000毫升上下。

第二，战国晚期，由襄安君钶可知：

2觳＝3563毫升，则1觳为1781.5毫升

由王太后鼎（洛阳大学）可知：1觳＝1860毫升

由永用札涅壶可知：

6觳+4䋈＝11200毫升。以十进制计算，1觳约为1750毫升，1䋈约为175毫升。以十二进制计算，1觳约为1767.6毫升，1䋈约为147.3毫升。

倘以襄安君钶所得"觳"的量值代入永用札涅壶计算：6×1781.5+4䋈＝11200

表一 目前所见东周燕国量制资料分期表

年代	量制资料	量制单位
战国早期	燕下都H114:7	
战国中期	重金壶、燕下都H3:3、H467:8、H106:36、东欢坨H216:1	觳—䋈
战国晚期	襄安君钶、永用札涅壶、王后左相室鼎（商承祚旧藏）、王后左相室鼎（清涧）、王太后右相室鼎（澄城）、王太后鼎（洛阳大学）、燕下都H308:18、H24:1	觳—䋈

表二 战国晚期记容铜鼎数据统计表

记容铜器	器高(厘米)	口径(厘米)	腹径(厘米)	铭文容量
王后左相室鼎(商承祚旧藏)	17.5	15.6		九䋈
王后左相室鼎(清涧征集)	16.5	15		九䋈
王太后右相室鼎(澄城出土)	16.8		18	一觳
王太后鼎(洛阳大学)	14.3	16.2	18.6	一觳

表三　量值分期统计表

时代	器类	I类	II类
战国早期	陶量	1778	
战国中期	记容铜器		2000/2116.8(𣪘)
	陶量	1629	1926、2111、2012
战国晚期	记容铜器	1781.5、1750/1767.6、1860(𣪘)	
	陶量	1593	2122

毫升，则1𬭁约为127.7毫升，二者进制约为14。倘以王太后鼎（洛阳大学）所得"𣪘"的量值代入永用札涅壶计算：6×1860+4𬭁＝11200毫升，则1𬭁约为10毫升，二者进制约为186。

战国晚期𣪘、𬭁的进制，我们可以结合4件记容铜鼎做一些推测（表二）。这4件记容铜鼎除商氏旧藏器形制不清外，其余3件形制均极近似，从4件铜鼎的高度、口径、腹径来看，数值皆近似，根据形制和三方面数据的近似，我们认为这4件铜鼎的容量亦应近似，那么，铭文记载的容量"九𬭁"与"一𣪘"，相差自不会多。据此，前文所得186进制，显然不可取。如果取14进制，则两件王后鼎与两件王太后鼎的容量之差（5𬭁），达到三分之一强，则亦失之偏大。所以，我们暂时排除以襄安君𫓧、王太后鼎（洛阳大学）所得"𣪘"值代入永用札涅壶计算所得的结果。

因此，对于战国晚期"𣪘"的量值，我们取由三件记容铜器独立计算求得的数值，即1781.5毫升、1860毫升、1750/1767.6毫升，这一组数值显然围绕1800毫升上下波动。战国晚期的两件陶量器，燕下都H308:18的计算容积为2122毫升，燕下都H24:1的计算容积为1593毫升，相比之下，后者与同时期记容铜器取得的"𣪘"值略为接近，但差值已高达200毫升。

我们把前述计算所得的结果，按时代列表如表三。

由此我们可以看出，通过记容铜器求得"𣪘"的量值，可以分为大、小两类，一类数值偏小，约在1800毫升上下，另一类数值偏大，约在2000毫升上下。与记容铜器同时期的陶量的计算容积，亦可分为大、小两类，偏小的一类约为1600毫升~1800毫升上下，偏大的一类约在2000毫升上下，这两类数值均与记容铜器求得"𣪘"的两类量值相呼应。因此，我们推测这些陶量均应为"𣪘"级陶量，我们把两类量值分别称为I类量值、II类量值，I类量值的范围可以限定在1600毫升~1800毫升上下，II类量值的范围则较集中于2000毫升上下。纵观战国中晚期，始终存在I类、II类量值的差别，并且唯一的一件战国早期陶量的计算容积，恰好处于I类量值的范围之内。至此，我们得到"𣪘"的一大一小两类量值。如何看待这一大一小两类量值，是必须要考虑的问题，下面我们试着做一些分析。

1992年，丘光明先生在《中国历代度量衡考》中已经遇到了这个问题，她以𣪘、𬭁之间为十进制，根据襄安君𫓧、重金壶、永用札涅壶三件记容铜器分别测得𣪘的量值1782毫升、2000毫升、1750毫升，进而提出："第二件与第一、三件差异较大，由于这三件器物都是记容容器，而不是专用量器，记有容量单位的容器单位量值相差颇大的例子也常有出现，目前我们只能根据现有的资料来推定，在实测容量差异较大的情况下，仅取两个量值较接近的数作可信数据，平均每𣪘约合1766毫升。"[34]丘先生没有看到燕下都遗址和东欢坨遗址出土的陶量，因此，在仅有重金壶孤证的情况下，舍弃了2000毫升的取值。根据我们的计算，II类量值的陶量，数量达

4件，已绝非孤例。那么，我们倾向于接受"斠"存在大、小两类量值的事实。

度量衡单位存在大、小制，还有其他的例证。比如周代尺度，《说文解字》"夫"部："周制以八寸为尺，十尺为丈。"㉟曾武秀、闻人军先生均以为周代存在十寸大尺、八寸小尺两种尺度㊱。秦汉量制中，存在大、小石（斛），二者的比率为5:3㊲。那么，东周燕国量制中，存在大、小斠制，是极有可能的。

另外，我们还注意到，东周时期不同国家量制中的单位"斗"，存在大、小不同的量值。比如赵国的"士匀錍"，记容铭文为"廩四斗錍"，经用水测量其容量为7000毫升，则赵国一斗为1750毫升㊳。又如郑韩故城中行祭祀遗址出土"郑斗"铭文陶量2件，容量分别为1736毫升、1790毫升，蔡全法先生结合遗址内出土全部82件陶量的容量情况，推定韩国一升为176毫升，则一斗为1760毫升㊴。再如战国中山灵寿城出土的陶量，实测容积包括900毫升、1800毫升、2250毫升、3600毫升四个量级，李恩佳先生认为第二级陶量可能是中山国的一斗量㊵。如此，东周时期赵国、韩国和中山国量制单位"斗"的量值，均处于本文求得"斠"的I类量值范围内。

与上述赵、韩、中山"斗"值不同的是，东周齐国右里铜量、子禾子釜、陈纯釜等标准量器，测量所得的基本量制单位量值约合今205升，左关铜鈢的容量则为2070毫升，丘光明先生推断"左关铜鈢也就是齐国半区或一斗之量"㊶。又如，秦国的商鞅铜方升，铭文记载："十八年，齐率卿大夫众来聘，冬十二月乙酉，大良造鞅，爰积十六尊（寸）五分尊（寸）一为升。"经测量计算，其容积为201立方厘米㊷，由此知秦国一斗约为2000毫升，湖北云梦睡虎地七号秦墓出土的战国晚期秦国陶量，经湖北计量局用小米测量，容积恰为2000毫升，发掘者即推测"这一陶量当为秦斗"㊸。再如，洛阳金村东周墓出土8件铜方壶，均刻铭文记其容量为四斗，1951年，朱德熙、王竹溪先生对清华大学藏的一件金村方壶进行了测量，容量为7990毫升，则一斗之值为1997.5毫升㊹，则战国时期东周国的单位"斗"，量值也接近2000毫升。如此，东周时期齐、秦、东周诸国量制单位"斗"的量值，均与本文求得"斠"的II类量值接近。

东周燕国量制中，"斠"的I类、II类量值，分别与不同国家小、大两类"斗"的量值相对应，这是一个很有意思的现象，目前尚难以确定它们之间存在怎样的关系，但可以肯定的是，这种现象绝非偶然的巧合，需要综合考察东周时期诸国量制的总体情况，才有可能找到了解这种现象的线索，本文所论有限，需以后再做进一步的研究。

---

①（周）尹文：《尹文子》，《诸子集成》第六册，中华书局，2006年，第3页。

②《汉书》，中华书局，1962年，第967页。

③杨伯峻：《春秋左传注》，中华书局，1990年，第1235页。

④中国社会科学院考古研究所：《殷周金文集成》，中华书局，1984年。

⑤器影见容庚：《商周彝器通考》，上海人民出版社，2008年，第483页。

⑥⑪朱德熙：《战国铜器记容刻辞考释四篇》，《朱德熙古文字论集》，中华书局，1995年，第24—30页。此文原载1958年北京大学中文系编《语言学论丛》第二辑。

⑦⑫⑱黄盛璋：《战国燕国铜器铭刻新考》，《内蒙古师范大学学报》1983年第3期。

⑧（清）孙诒让：《周礼正义》，中华书局，1987年，第3367—3368页。

⑨（清）孙诒让：《周礼正义》，中华书局，1987年，第3370页。

⑩（汉）许慎：《说文解字》，中华书局，1963年，第62页。

⑬朱德熙：《古文字考释四篇》，《古文字研

⑭㉒黄盛璋：《盱眙新出铜器、金器及相关问题考辨》，《文物》1984年第10期。

⑮㉓李家浩：《盱眙铜壶刍议》，《古文字研究》第十二辑，中华书局，1985年，第355页—362页。

⑯黄盛璋：《三晋铜器的国别、年代与相关制度》，《古文字研究》第十七辑，中华书局，1989年，第1—66页。

⑰本文所记"十年方壶"资料均来自黄盛璋：《战国燕国铜器刻铭新考》，《内蒙古师范大学学报》1983年第3期，释文依黄盛璋：《盱眙新出铜器、金器及相关问题考辨》，《文物》1984年第10期。该器原著录于《西清古鉴》19.3。

⑲㉙张懋镕、王勇：《"王太后右和室"铜鼎考略》，《考古与文物》1994年第3期。

⑳姚迁：《江苏盱眙南窑庄楚汉文物窖藏》，《文物》1982年第11期。

㉑吴蒙：《盱眙南窑铜壶小议》，《文物》1982年第11期。

㉔周晓陆：《盱眙所出重金络壶·陈璋圆壶读考》，《考古》1988年第3期。

㉕胡振祺：《山西文水县上贤村发现青铜器》，《文物》1984年第6期。

㉖李学勤：《谈文水出土的错银铭铜壶》，《文物》1984年第6期。

㉗高雪：《陕西清涧县又发现商代青铜器》，《考古》1984年第8期。

㉘何琳仪：《战国文字通论》，中华书局，1989年，第93页。

㉚刘余力、蔡运章：《王太后左私室鼎铭考略》，《文物》2006年第11期。

㉛河北省文物研究所：《燕下都》，文物出版社，1996年。本文引用燕下都出土6件陶量，分别见于《燕下都》一书第75页、263页、348页、349页、592页、614页、615页，一并说明于此，下文不再一一注明。

㉜河北省文物研究所、唐山市文物管理处：《唐山东欢坨战国遗址发掘报告》，《河北省考古文集》，东方出版社，1998年，第179页—198页。

㉝燕下都遗址出土陶文中，多有"斀"字陶文，年代不出战国中晚期，《燕下都》未进行释读，也没有发表这些陶文所附属的陶器资料。鉴于此，本文的讨论暂不涉及燕下都遗址的"斀"字陶文。

㉞丘光明：《中国历代度量衡考》，科学出版社，1992年，第174页。

㉟（汉）许慎：《说文解字》，中华书局，1963年，第216页。

㊱参曾武秀：《中国历代尺度概述》，《历史研究》1964年第3期；闻人军：《〈考工记〉齐尺考辨》，《考古》1983年第1期。

㊲高自强：《汉代大小斛（石）问题》，《考古》1962年第2期。

㊳胡振祺：《太原检选到土匀錍》，《文物》1981年第8期。

㊴蔡全法：《郑国祭祀遗址出土韩国陶量及其文字研究》，《新郑郑国祭祀遗址》中册附录一一，大象出版社，2006年，第1162页—1170页。

㊵李恩佳：《战国时期中山国的陶量》，《文物》1987年第4期。

㊶丘光明：《中国历代度量衡考》，科学出版社，1992年，第139页。

㊷马承源：《商鞅方升和战国量制》，《文物》1972年第6期。

㊸云梦县文化馆：《云梦睡虎地秦墓出土陶量——秦斗》，《文物》1978年第7期。

㊹朱德熙：《洛阳金村出土方壶之校量》，《北京大学学报（人文科学）》1956年第4期。

（作者单位：北京市文物研究所）

蒜市口 蒜市口大街 蒜市口地方：谈曹雪芹崇外故居研究中的几个概念

——兼及曹雪芹的北京城市交游、成长与纪念

樊志斌

1982年，中国第一历史档案馆的张书才在馆藏清代内务府档案中发现一件雍正七年(1729)七月二十九日《刑部移会》，其中载明："曹𫖯之京城家产人口及江省家产人口，俱奉旨赏给隋赫德。后因隋赫德见曹寅之妻孀妇无力，不能度日，将赏伊之家产人口内，于京城崇文门外蒜市口地方房十七间半、家仆三对，给与曹寅之妻孀妇度命。"

这处居所是曹雪芹回到北京后居住的第一处场所，对曹雪芹的生活环境而言，有着直接的影响。历来受到学界的关注，也引发不少讨论。

不过反思这些研究，笔者发现，相关探讨存在着事实和文字上的"不确定性"，而这一点却未被关注；另外，曹雪芹在此处居住时期的活动也都存在模糊之处，似也未曾被注意和强化，本文力图对此类问题进行剖析，有助于对曹雪芹生活与创作素材的理解。

一、学界对崇外曹雪芹故居的讨论焦点所在

（一）张书才论曹雪芹崇外故居

对于曹家这处居所，张书才先生先后数文及之。1983年3月26日、4月2日、4月9日，应《团结报》总编许宝骙先生之邀，张书才在《团结报》上连载了《雪芹旧居 京华何处》文，引该《刑部移会》，对曹雪芹家族崇文门外故居进行了探讨。《红楼梦学刊》1991年第2期发表了张书才作《曹雪芹蒜市口故居初探》，云：

《乾隆京城全图》有蒜市口街，标于崇文门外大街南端东侧，是一条东西走向的小街道：路北西起崇文门外大街南端东侧，东至抽分厂南口；路南西起磁器口北口，东至石板胡同北口，长约二百米[①]。

张先生以蒜市口街为基准，寻找格局为十七间半的院落，认为蒜市口16号院为曹家当年居住过的院落（图一）。

（二）学界其他人对崇外曹雪芹故居的探讨

在张书才先生文章发表后[②]，数十年来先后有张秉旺、兰良永、黄一农、杨泠等人提出不同看法[③]。

兰良永引吴长元《宸垣识略》卷九中"泰山行宫在蒜市口"的记载——在《乾隆京城全图》中，泰山行宫位于"蒜市口街"西，与张书才所谓蒜市口街位于"崇文门外大街南端东侧"不合，又引《钦定大清会典则例》卷一百四十九"南城籴米官房二所，一设在崇文门外蒜市口香串胡同内"，认为蒜市口大街应包括崇文门外大街南端西侧部分。

黄一农则引美国国会图书馆藏《京城全图》（乾嘉时期绘制）"蒜市口"三

蒜市口 蒜市口大街 蒜市口地方：谈曹雪芹崇外故居研究中的几个概念

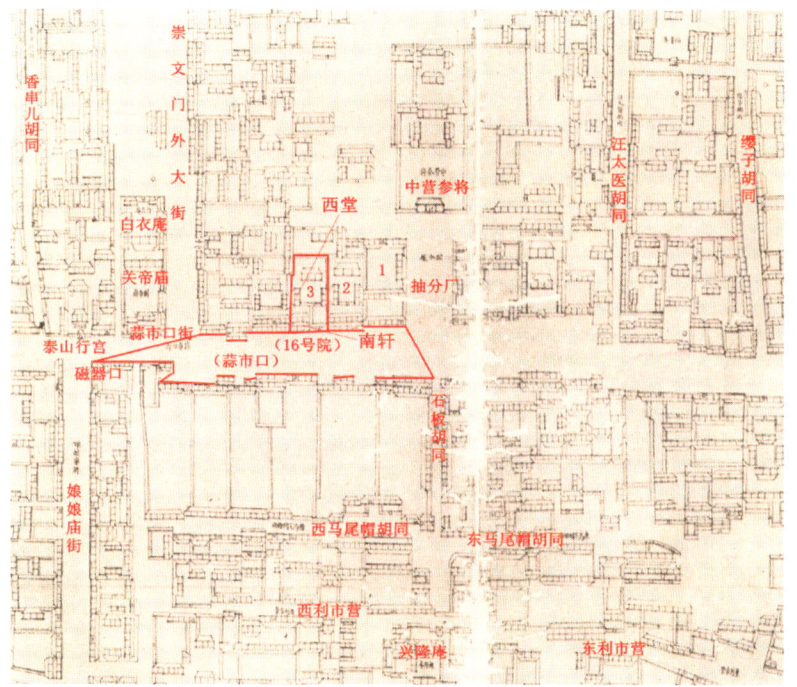

图一 《乾隆京城全图》中崇文门外大街、蒜市口街及部分地名（杨泠制图）

字书于崇文门外大街南口以西第一和第四个胡同中间，认为蒜市口街应向从崇文门外大街南口向西至少延伸三至四个胡同。黄一农还引前兰文泰山行宫、南城籴米官房在蒜市口记载并嘉庆《钦定大清会典事例》"兴隆庵饭厂……在崇文门外蒜市口西利市营"，指出：

"蒜市口地方"应是指以蒜市口为核心的区域，东南可至直线距离约200米外的兴隆庵（在西利市营胡同东端之路南），往西亦包含关帝庙、泰山行宫、香串胡同（即香串儿胡同）。也就是说，"蒜市口地方"的范围应远大于先前红友们的认知。

杨泠则引《光绪顺天府志》卷十四"广渠门大街，即南大街，俗称沙窝门大街。迤西至崇文门街者曰缆竿市（榄杆市），俗称阑干市，井一"，指出：

《光绪顺天府志》是在《康熙顺天府志》基础上修订的。一直以来，崇文门外大街南端东侧，即广渠门大街西端，"榄杆市"的称谓从未改变。由此可见，清朝时期的"蒜市口"，只能是崇文门外大街南端以西街段。乾隆《京城全图》上的"蒜市口街"，也标注在崇文门外大街南端西向地段。

杨泠又引《清高宗实录》"乾隆五十四年十月初八条"皇帝谕旨："闫正祥等奏，拏获夹带腰刀、火药之车夫田四海等，讯据系由蒜市口凭河南店店户杨六说合装载"，指出此河南店"凭河"（河当指与广渠门大街并行的漕河），说明蒜市口地方当指一片区域。

二、蒜市、蒜市口、蒜市口街、蒜市口地方：曹雪芹崇外故居探讨的问题所在

（一）曹雪芹崇外故居诸家争论的焦点

以上诸家根据自己对"蒜市口地方"的理解，框定了蒜市口地方的范围，在这一范围内寻找一所十七间半的院落，得出了完全不同的结论。也就是说，诸家讨论的焦点在于："蒜市口地方"到底包括哪一范围，在这一范围内，是否有一合乎十七间半房屋的院落？

张书才、张秉旺、兰良永把研究焦点放在蒜市口街的长度界定和范围内十七间半院落的寻找上，而黄一农、杨泠则把研究焦点放到"蒜市口地方"区域面积的范围界定和范围内十七间半院落的寻找上。

（二）蒜市、蒜市口、蒜市口街、蒜市口地方：曹雪芹崇外故居探讨的问题所在

诸家所据材料都是雍正七年《刑部

移会》关于"崇文门外蒜市口地方房十七间半"十四个字,何以出现如此多的差异呢?

关键在于对"蒜市口地方"这五个字的理解不同:张书才以"蒜市口地方"为蒜市口街,黄一农以"蒜市口地方"为一片区域。单以上述概念的理解而言,无疑黄解更为正确。

在古汉语中,"地方"二字本身就是一片区域的意思,"××地方"中的"××"就是那一片区域内最具有代表性和辨识度的名字。"蒜市口地方"当然也是如此,不过是对蒜市口一带区域的泛指,并非特别明确的四界范围。如礼亲王昭梿在《啸亭杂录》"傅阁峰尚书"条中写道:"尔国震于天威,即献阿尔泰山地方,中国受之,置驿设守有年矣。""阿尔泰山地方"固然不能指明确四至范围的地理空间。

(三)关于"蒜市口地方"的涵盖:寻找曹雪芹崇外故居的关键

既然"蒜市口地方"指蒜市口附近一片区域,结合以上诸家所提资料,我们需要寻找出"蒜市口地方"大约包括哪一片区域,才是寻找曹雪芹崇外故居的关键所在。

而这一研究要取决于几个前提:

1. 以《乾隆京城全图》为基础依据,以其后地图为参照,不得以后图记载的差异,否定前图的记载,尤其是以后期简单手绘图为基础依据;

2. 搞清楚蒜市、蒜市口、蒜市口地方的相对明确位置和范围;

3. 雍正八年(1730)北京地震后,蒜市口地方曹家院落重修并未改动地基⑤。

实际上,《乾隆京城全图》上只有"蒜市口街"——正对着崇文门外大街南口,并没有标明"蒜市""蒜市口""蒜市口地方"在哪里,正是由于这一原因,才引发了诸家对"蒜市口地方"理解上的差异。

按,嘉庆五年(1800)的《京城内外首善全图》上标有"蒜市"字样、道光五年(1825)的《京城全图》上则标有"蒜市口"字样(图二、图三)。两相比较,可知蒜市当位于三里桥、崇文门外大街南端之间偏东处,而蒜市口则是指蒜市东端有一处较大的空地,如其南侧的磁器口;而所谓"蒜市口地方"则是以这个规模庞大的蒜市、蒜市口为中心的周边一片区域,南至西利市营,北至香串胡同、石虎胡同一带,甚至更远,甚至不排除在实际运用中与以上诸家讨论的榄杆市、抽分厂、三里河涵盖范围交叉,甚至涵盖以上范围——盖周边地区其他景物不若蒜市规模庞大或者著名,故民间泛指蒜市口一带。

三、鲜鱼口曹家居所与蒜市口地方曹家居所

研究曹学者皆知,康熙五十四年

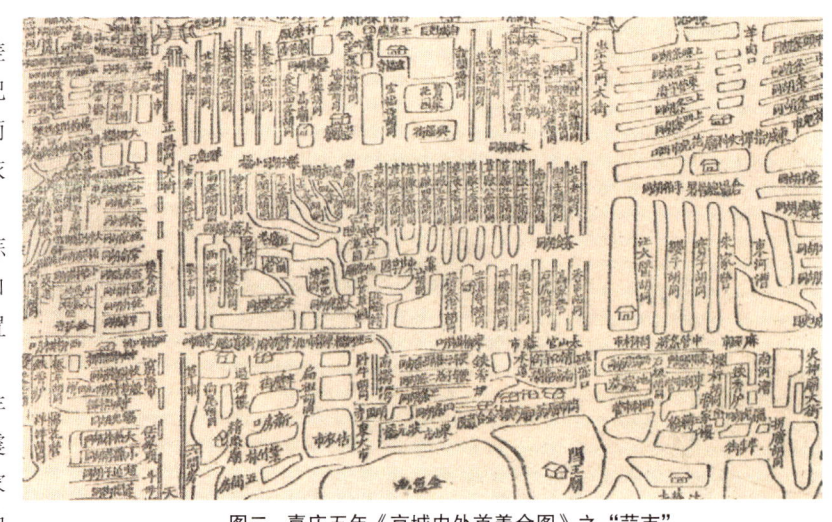

图二 嘉庆五年《京城内外首善全图》之"蒜市"

蒜市口 蒜市口大街 蒜市口地方：谈曹雪芹崇外故居研究中的几个概念

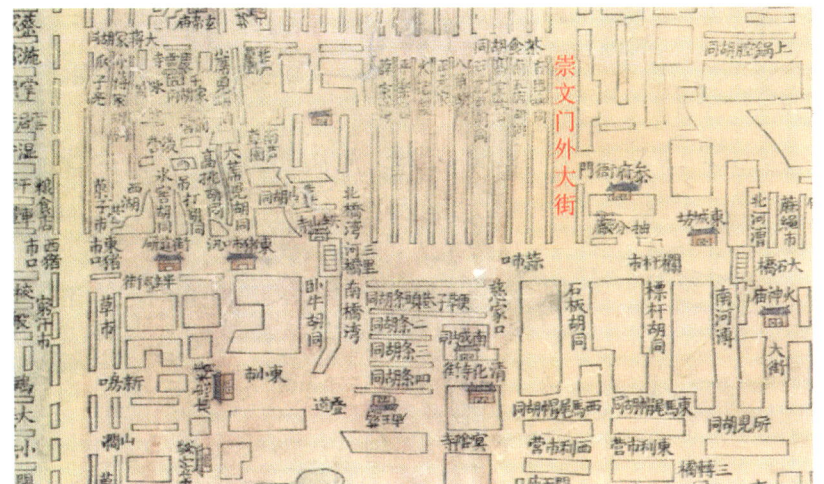

图三 道光五年《京城全图》之"蒜市口"

（1715）七月十六日，曹頫奉旨奏报家产情况："惟京中住房二所，外城鲜鱼口空房一所。"

京中也就是指旗人居住的内城、北城，外城也就是南城。曹頫这里声称，南城只有房屋一所。

按，雍正六年（1728）隋赫德《奏细查曹頫房地产及家人情形折》："曹頫所有田产房屋人口等项，奴才荷蒙皇上浩荡天恩特加赏赉，宠荣已极。曹頫家属蒙恩谕少留房屋以资养赡，今其家不久回京，奴才应将在京房屋人口酌量拨给。"[6]隋赫德将此原属曹家的十七间半房屋还给曹家，是奉雍正皇帝的谕旨而行——由此亦可证明曹家之获罪革职抄家，非出于参与敌对政治势力的原因。

以往，学界研究曹家崇外居所者多将崇外之十七间半与此鲜鱼口空房分开看待，但是，在我们了解了清代实际词汇"蒜市口地方"的使用范畴后，我们似乎可以将"蒜市口地方"十七间半与"鲜鱼口空房一所"联系起来看待。

鲜鱼口离蒜市口距离似乎不近，但是当我们知道，鲜鱼口、蒜市口在实际运用中实际指代一片区域时，这种表面看来的矛盾似乎就不再存在了。也即曹家在崇文门外的那处房产距离鲜鱼口、蒜市口距离相近——当在草场胡同附近，而鲜鱼口、蒜市口在崇外区域名气甚大，故以"鲜鱼口""蒜市口地方"指称，并无不妥之处。

四、崇外生活与曹雪芹的成长：兼及曹雪芹的京师亲友

曹雪芹回到蒜市口居住时年龄虚岁14，在蒜市口，他不时经历着两种不同的生活，影响着他的心理认同和社会认知。

（一）曹雪芹与平郡王府

曹雪芹家族回到崇文门外蒜市口地方居住，京中亲戚尚多，似当有往来，其中，关系最为亲密的当属姑父平郡王纳尔苏一家。

康熙四十五年（1706），经康熙皇帝指婚，曹雪芹姑母进京，嫁给平郡王纳尔苏为嫡福晋[7]。康熙四十七年（1708）六月二十六日，生长子福彭。雍正四年（1726）七月，纳尔苏坐贪婪，削爵，福彭袭多罗平郡王，年18岁，入宫陪皇子弘历、弘昼读书。雍正十一年（1733）四月，在军机处行走，成为最年轻的军机大臣；同年，出为定边大将军，指挥清军与准噶尔作战。

曹雪芹姑母为纳尔苏生四子，长子福彭，长曹雪芹七岁；四子福秀（按纳尔苏诸子大排行）生于康熙四十九年（1710）闰七月二十六日；第六子福靖生于康熙五十四年九月二十日，与曹雪芹同岁；第七子福端生于康熙五十六年（1717）七月十五日，雍正八年卒。

雍正六年，曹雪芹家族从江宁回到京师，因此，曹雪芹与福端或有交往，但交游当少；而姑父纳尔苏、姑母曹氏、三位表兄弟都活到了乾隆年间。戴逸、胡文彬

皆以为，《红楼梦》中北静王水溶身上有福彭的影子。

以往，学界对平郡王府与曹雪芹的交游多有关注，而对曹雪芹姑母曹氏的关注较少。实际上，纳尔苏卒于乾隆五年（1740）九月初五日，年51岁，而曹雪芹姑母曹氏至晚到乾隆十三年（1748）仍在人间。《清高宗实录》卷三三五"乾隆十四年二月丁酉"条下载：

礼部议奏："故多罗平郡王福彭遗表称：'臣父平郡王讷尔苏以罪革爵，殁后蒙恩以王礼治丧赐谥。臣母曹氏未复原封，孝贤皇后大事不与哭临，臣心隐痛，恳恩赏复。'所请无例可援。"得旨："如所请行。"

按，孝贤皇后大事指乾隆十三年乾隆原配皇后富察氏逝世、尸身回京举办丧礼等事。乾隆十三年三月十一日，富察皇后卒于德州，三月十七日灵柩到京。缟服跪迎。总理丧仪王大臣等奏准：

王以下文武官员，公主、福晋以下，乡君、奉恩将军恭人以上，民公、侯、伯、一品夫人以下，侍郎、男、夫人以上，皇后娘家男妇和其他人员俱成服，齐集举哀。

因雍正四年平郡王纳尔苏坐贪婪削爵事、曹氏王妃封号亦被剥夺，故而，孝贤皇后大丧，"不与哭临"。

至乾隆十三年十一月十三日，福彭逝世，死前，福彭上奏，为母亲恢复封号事请旨。这就说明，至乾隆十三年三四月间，曹氏仍在，其时，她应该已近6旬，曹雪芹业已虚岁34。

作为曹寅的大女儿、李氏的女儿、曹頫的姐姐、曹雪芹的亲姑母，若说曹氏在曹雪芹家族回京后，没有给予应有的照顾，以至于曹雪芹回京后生活境遇接近普通旗人，似乎是说不通的。因此，曹氏似应"特别"纳入到曹雪芹生平的思考中来。

（二）与其他王族的关系

除了福彭家族外，曹家在京师的亲戚还有次姑母一家、礼亲王家族、怡亲王家族、昌龄家族、李鼎家族、曹顾家族，等等。

曹雪芹另一姑母也嫁与满蒙人等为王妃。萧奭《永宪录续编》载："寅，字子清，号荔轩，奉天旗人，有诗才，颇擅风雅。母为圣祖保母，二女皆为王妃。"康熙四十八年（1709）二月初八日，曹寅《奏为婿移居并报米价折》云，拟于东华门外为次女婿购买房屋——其人为皇帝侍卫。

此外，礼亲王家族、顺承郡王家族与平郡王家族同出两红旗主代善，曹雪芹佚著《废艺斋集稿》即在清末民初流出于礼王府。曹雪芹在京师生活期间，是第六代康亲王崇安（康熙四十八年袭爵，雍正十一年薨）、第七代康亲王、崇安叔巴尔图（雍正十一年袭爵，乾隆十八年薨）、第八代康亲王、崇安子永恩（乾隆十八年袭爵，乾隆四十三年复号礼亲王，嘉庆十年薨）在位期间。

怡亲王家族与曹雪芹亦有交往。雍正二年（1724），皇帝在曹頫请安折上朱批道：

朕安。你是奉旨交与怡亲王传奏你的事的，诸事听王子教导而行，你若自己不为非，诸事王子照看得你来……除怡王之外，竟可不用再求一人托累自己……若有人恐吓诈你，不妨你就问怡亲王，况王子甚疼怜你，所以朕将你交与王子。

雍正八年怡亲王，允祥逝世，王位由年仅8岁的弘晓（允祥第七子）继承，而允祥第四子弘晈特旨加封"罗宁良郡王"。

现在发现的"己卯本"《脂砚斋重评石头记》不仅避康熙皇帝的"玄"字、雍正皇帝的"禛"字，更避两代怡亲王胤祥和弘晓的"祥"字和"晓"字。这就证明怡王府曾经抄录《红楼梦》，而该"己卯本"即是怡亲王府中的原钞本——书不避讳，系因古代避讳有多种讲究，但是，只要避讳，尤其是避家讳，则书写者与本家必然有一定的直接关系。

(三) 曹雪芹的其他亲戚

此外，雍正六年后，曹寅、曹頫一支彻底败落，但是，曹雪芹的叔爷曹宜、曹雪芹的堂伯曹颀等仍在朝中为官，并受到雍正皇帝的信任。

曹霑的堂叔祖曹宜，系曹振彦二子曹尔正之子，与曹寅、曹荃兄弟为堂兄弟。其人一直在京任职，长期担任护军校，前后当差长达三十三年，后转鸟枪护军参领。康熙四十七年，奉旨护送佛像去往浙江普陀山。雍正十一年七月，升正白旗护军参领，并巡察圈禁雍正亲弟、死敌允禵地方。

曹雪芹的伯父曹颀，又名桑额，康熙五十年（1711），与曹雪芹的父亲曹頫一起觐见皇上，因皇帝特别关照被录取在宁寿宫茶房使用。康熙五十五年（1716），茶房总领福寿病故，署内务府总管马齐折奏可以补缺八位待选人员名单。马齐折子上开列的这八个人，在内务府当差的时间都有二三十年，且来头不小；但皇帝对这些人不感兴趣，他传旨说："曹寅之子茶上人曹颀，比以上这些人都能干，着以曹颀补放茶房总额。"于是，曹颀成为了三名茶房总领之一。

雍正继位后，曹颀仍然受宠不衰。雍正三年（1725）五月二十五日，皇帝让管理茶饭房事务、散秩大臣佛伦传旨："着赏给茶房总领曹颀五六间房。"经查找，"烧酒胡同有李英贵入官之房一所，计九间，灰偏厦子二升，请赏给茶房总领曹颀。"

曹雪芹与翰林院侍讲学士富察·昌龄家族关系亦密。

曹雪芹祖父曹寅有一姊妹，嫁满洲镶白旗人傅鼐。傅鼐（？—1738），富察氏，字阁峰，满洲镶白旗人，系雍正皇帝为亲王时的藩邸旧人。雍正曾说，在自己藩邸中，傅鼐与年羹尧是最可任用之二人，才情上，年更占优；但论忠厚平和，傅则更胜一筹。

雍正二年，傅鼐授镶黄旗汉军副都统、兵部侍郎。雍正三年，调盛京户部侍郎。后因皇帝疑其"与隆科多交结"，虑或败，预为隆子岳兴阿设计；又逢傅鼐任侍卫时为浙江粮道江国英关说受贿事发，夺官，发遣黑龙江。雍正九年，召还，赴抚远大将军马尔赛军营效力，寻予侍郎衔，授参赞大臣。雍正十年（1732），以所部破准噶尔蒙古噶尔丹策零，赏花翎。平郡王福彭代为大将军，傅鼐参赞如故。

傅鼐长子昌龄，好学不辍，于雍正元年（1723）中进士，官翰林院侍讲学士，除继承了部分父亲藏书外，还从曹家转移来不少古籍善本，以至于他书斋中所藏的善本图书比纳兰性德的通志堂还要多。李文藻《琉璃厂书肆记》载：

夏间，从内城买书数十部，每部有"曹楝亭"印，又有"长白敷槎氏堇斋昌龄图书"记。盖本曹氏物而归于昌龄。昌龄官至学士，楝亭之甥也。

《平津馆鉴藏书籍记》则云："新刊《名臣碑传琬琰集》，楝亭曹氏藏书，有'长白敷槎氏堇斋昌龄图书印'。"

曹雪芹舅爷李煦与韩氏夫人生一女，后嫁内务府营造司郎中佛公宝之子黄阿琳，后为正黄旗参领兼佐领；妾詹氏生长子李以鼎，即李鼎；妾范氏生次子李以鼐。

雍正元年，李煦被抄家，家族返京。雍正五年（1727），因涉及为阿其那购买苏州女子一案，发往东北打牲乌拉，则李鼎、李鼐兄弟并其母亲、妻子及李煦京师诸弟都在北京生活居住——李煦三弟李炘曾任銮仪卫仪正、奉宸苑员外郎，五弟李炆曾任畅春园总管、奉旨佐理两淮盐漕事务，其余诸弟居通州红果园。

(四) 前三门的市井生活

在清朝，由于旗民分治（旗人居内城，汉民居外城——以前三门为界），京师前三门（正阳门、崇文门、宣武门）外商业汇集、分外发达，地名如猪市口、菜市口、鲜鱼口、木厂胡同、兴隆街、布市、瓜子店等。

因此，曹雪芹回到蒜市口一带居住，经常面对的是中下层的市井生活，这里的生活氛围影响到他的见闻、见识、创作素材等。《红楼梦》第二十四回"醉金刚轻财尚义侠"中写贾府旁支贾芸到舅舅卜士人（谐音"不是人"）家借钱不遂：

且说贾芸赌气离了母舅家门，一径回归旧路，心下正自烦恼，一边想，一边低头只管走，不想一头就碰在一个醉汉身上，把贾芸唬了一跳。听醉汉骂道："臊你娘的！瞎了眼睛，碰起我来了。"贾芸忙要躲身，早被那醉汉一把抓住，对面一看，不是别人，却是紧邻倪二。原来这倪二是个泼皮，专放重利债，在赌博场吃闲钱，专管打降吃酒。如今正从欠钱人家索了利钱，吃醉回来，不想被贾芸碰了一头，正没好气，抢拳就要打。只听那人叫道："老二住手！是我冲撞了你。"倪二听见是熟人的语音，将醉眼睁开看时，见是贾芸，忙把手松了，趔趄着笑道："原来是贾二爷，我该死，我该死。这会子往那里去？"贾芸道："告诉不得你，平白的又讨了个没趣儿。"倪二道："不妨不妨，有什么不平的事，告诉我，替你出气。这三街六巷，凭他是谁，有人得罪了我醉金刚倪二的街坊，管叫他人离家散！"贾芸道："老二，你且别气，听我告诉你这原故。"说着，便把卜世仁一段事告诉了倪二。倪二听了大怒，"要不是令舅，我便骂不出好话来，真真气死我倪二。也罢，你也不用愁烦，我这里现有几两银子，你若用什么，只管拿去买办。但只一件，你我作了这些年的街坊，我在外头有名放帐，你却从没有和我张过口。也不知你厌恶我是个泼皮，怕低了你的身分，也不知是你怕我难缠，利钱重？若说怕利钱重，这银子我是不要利钱的，也不用写文约，若说怕低了你的身分，我就不敢借给你了，各自走开。"一面说，一面果然从搭包里掏出一卷银子来。

这段文字，"庚辰本"《脂砚斋重评石头记》不时有批语赞扬作者写作逼真，

如"侧批"云："仗义人岂有不知礼者乎？何尝是破落户？冤杀金刚了。""写得酷肖，总是渐次逼出，不见一丝勉强。""知己知彼之话。"

倪二即当时典型的市井豪侠，与彼时京中旗人豪侠行为方式颇不相同——按照时人记载，京中旗人豪侠好勇斗狠更多，可见曹雪芹对市井生活和人物的了解，不得不说这与他在崇文门外的生活有一定的关系。

曹雪芹崇外居住时间、事件表

时间	事件	雪芹年龄
康熙五十四年（1715）	曹雪芹出生	1岁
雍正六年（1728）	曹雪芹回到蒜市口居住	14岁
雍正七年（1729）	曹雪芹成年，可以挑差，入平郡王府行走	15岁
雍正十一年（1733）	曹雪芹随姑父纳尔苏敲诈隋赫德，案发，大约此时避于京西	19岁
乾隆十五年（1750）	《乾隆京城全图》绘制完工	36岁

五、隋赫德行贿老平郡王案与曹雪芹崇外生活的结束

曹雪芹在崇外居所居住时间，当前未见有文献记载，但透过相关材料，似乎可见某些端倪。

（一）隋赫德行贿老平郡王经过

雍正十年（1732），继曹𬘘为江宁织造的隋赫德被革职，返回京师赋闲。来京时，隋赫德"会将官赏的扬州地方所有房地，卖银五千余两"。

次年二、三月间，隋赫德将"宝月瓶一件，洋漆小书架一对，玉寿星一个，铜鼎一个"交给在廊房胡同开古董铺的京民沈四变卖。后来，沈四带曹雪芹表弟福静到隋赫德家，"说要书架、宝月瓶，讲定书架价银三十两、瓶价银四十两，并没有给银子，是开铺的沈姓人保着拿去的。"

再后来，"老平郡王差人来说，要借

银五千两使用",隋赫德遂将在南方卖房银子中剩下的三千八百两送去。

银子到了平郡王府后,三、四月间,小平郡王福彭"差了两个护卫"来到隋赫德家,向隋赫德言:"你若再要向府内送甚么东西去时,小王爷断不轻完。"

(二)案发与结案:"曹家人"选项与结局推测

很明显,是平郡王一家为曹家"拔创"。不过,更有意思的事情还在后面,一是内务府的奏折,称:

查绥赫德系微末之人,累受皇恩,至深至重。前于织造任内种种负恩,仍邀蒙宽典,仅革退织造。绥赫德理宜在家安静,以待余年,乃并不守分,竟敢钻营原平郡王讷尔素,往来行走,送给银两,其中不无情弊。

至于讷尔素,已经革退王爵,不许出门,今又使令伊子福静,私与绥赫德往来行走,借取银物,殊干法纪。相应请旨,将伊等因何往来、并送给银物实情,臣会同宗人府及该部,提齐案内人犯,一并严审定拟具奏。为此谨奏。

讷尔素,即纳尔苏。彼时,满人名讳汉写往往有几种写法。

案子办得看似公正,但一开始即将隋赫德置于钻营老平郡王的位置上。更有意思的是皇帝的圣旨:

雍正十一年十月初七日奉旨:"绥赫德著发往北路军台效力赎罪,苦尽心效力,着该总管奏闻;如不肯实心效力,即行请旨,于该处正法。钦此。"

精明过人的雍正皇帝,既没有要求继续深究此案,务明真相,也没有指示应该如何审理犯案的纳尔苏等人,只将隋赫德发往西北,即将案子结案。

显然,皇帝对这件案子的真相是明了的,但他并不想在法定层面上去挑破这层窗户纸。

在案件审理中,隋赫德与其子富璋的供词也值得关注,一是,隋赫德称:"后来我想,小阿哥是原任织造曹寅的女儿所生之子,奴才荷蒙皇上洪恩,将曹寅家产都赏了奴才,若为这四十两银子,紧著催讨不合,因此不要了是实。"

而富璋则称:"从前,曹家人往老郡王家行走。"

当时,能够在平郡王府"行走"的"曹家人",应该就是与王府关系最为密切的曹雪芹。

八月,雍正帝以福彭为抚远大将军,前往西北,指挥清军与准噶尔蒙古作战。待他到达驻地,隋赫德行贿老平郡王案正好审理完毕。十月初七日《庄亲王允禄奏审讯绥赫德钻营老平郡王折》结尾写道:"此旨(将隋赫德发往西北军台效力的谕旨)系大学士鄂等交出。应办理之处,办理军机处业经办理讫。"[8]这奏折中的"应办理之处,办理军机处业经办理讫"很耐人寻味。

从前后文的逻辑来看,这里还应该说到了涉及该案的、除隋赫德之外相关人等的处理与善后。如此,在平郡王府行走的曹霑,自然也逃脱不了干系。

六、结语:曹雪芹、香山、正白旗、京师、纪念馆

曹雪芹离开崇外蒜市口十七间半后的行迹,限于资料,无从知晓,但仍有痕迹可寻。

1971年,香山正白旗39号院西墙壁上友人赠曹雪芹"对联"("远富近贫,以礼相交天下有;疏亲慢友,因财绝义世间多")的发现,揭开了正白旗39号与曹雪芹故居关系的争论。

按,书画鉴定家张伯驹曾来此处参观,观看题壁诗照片,指出墙壁上墨迹法体为乾隆时代无疑。如此,则墙壁上"丙寅"落款当为乾隆十一年(1746),即《红楼梦》开笔的第三年。

又,曹雪芹家族为内务府人,附近与内务府相关单位为十方普觉寺行宫——

雍正八年，皇帝赐卧佛寺给怡亲王为"家庙"，怡府继而修缮，雍正十一年修缮完毕，次年皇帝赐名十方普觉寺，并以亲信超盛如川法师主其法席——颇疑此时怡王府将寺庙献给皇帝，并有行宫之设与内府之役。

但是，此时的曹雪芹并没有放弃仕途，按照现有资料，乾隆改元后，他仍有侍卫、国子监贡生、右翼宗学的工作。可知，他一度往来于京师与香山之间。

北京以它独有的文化特色，哺育了曹雪芹，为《红楼梦》的创作奠定了文化基因，而崇外蒜市口一带特有的文化氛围，无疑在曹雪芹的生活中、在《红楼梦》的创作中扮演或明或暗的角色。

据悉，北京市东城区一直致力于环天坛文化圈的打造，计划在蒜市口一带建立曹雪芹纪念馆，为北京中轴线文化的建设服务，对曹雪芹崇外居所的研究、对曹雪芹生活时代崇外文化氛围的研究、对这一地区文化和曹雪芹交游等相关课题的研究，应该说对曹雪芹、《红楼梦》文化的传播起着基础作用。

---

①张书才引乾隆三年（1738）内务府档案"崇文门外栏杆市长鼐房十间"、《宸垣识略》"延庆寺在缆竿市"，指出榄杆市之街名在乾隆初即已经存在，反对张秉旺蒜市口街东至南北河槽的说法——榄杆市在南河槽西侧，则蒜市口街东端接榄杆市大街，距抽分场南口相近。兰良永、黄一农皆主此说。

②张书才：《曹雪芹家世生平探源》收录《雪芹旧居 京华何处》《曹雪芹蒜市口故居初探》《<京城全图>是不能随意分割拼合的——就曹雪芹故居回应张秉旺先生》《曹雪芹蒜市口故居》，白山出版社，2009年，皆持蒜市口16号院说。

③张秉旺：《红苑杂谈》收录《雪芹故居何处寻——<曹雪芹蒜市口故居初探>辨析》《"蒜市口十七间半"补说》《鲜鱼口与曹家》，军事谊文出版社，2007年。兰良永：《曹雪芹蒜市口故居再议》，《曹雪芹研究》2014年第3期。黄一农：《曹雪芹"蒜市口地方房十七间半"旧宅新探》，《红楼梦研究辑刊》第10辑，2015年。杨泠：《曹家蒜市口旧宅新考》，《红楼梦研究》2017年。

④《清实录·高宗实录》卷一四三〇，中华书局，1986年，第1173页。

⑤雍正八年（1730），北京发生300年来最大规模地震，房屋损毁数万间，蒜市口地方的曹家故居此后的修复情况如何——房屋基址是否有过改动，与地震前区别多大，是曹家崇外故居精确寻找的基础。

⑥故宫博物院明清档案部：《关于江宁织造曹家档案史料》，中华书局，1975年，第188页。

⑦康熙四十五年十二月初五日《江宁织造曹寅奏王子迎娶情形折》："前月二十六日，王子已经迎娶福金过门。"故宫博物院明清档案部：《关于江宁织造曹家档案史料》，中华书局，1975年，第44页。

⑧雍正十一年十月初七日《庄亲王允禄奏审讯绥赫德钻营老平郡王折》，《关于江宁织造曹家档案史料》，1975年，第192—196页。

（作者单位：曹雪芹纪念馆）

《劭农纪典》：乾隆皇帝与北京先农坛

张 敏

"布政宜敦本，当春乃劝农。良辰耕帝耤，膏雨遍畿封。"这是《劭农纪典》中的开篇诗句（图一）。《劭农纪典》册是乾隆皇帝79岁，即乾隆五十四年（1789）春日在北京先农坛亲耕耤田礼成后手录的历年创作"亲祀先农"述事诗及禾词，分为上下两册书写，共38开，是清代帝王亲缮先农以示"重农务耕"的真实写照。

《劭农纪典》书有两部，一部曾长期存于北京先农坛，八国联军入侵时遗失，后历经兵燹辗转流传于民间，至今完好；另一部收录于《石渠宝笈三编》中。通过《劭农纪典》，我们看到乾隆皇帝在北京先农坛长达半个多世纪的历史足迹与心路历程。本文拟从中撷取二三事，窥一斑而见全豹，体味中国历史上最后一个盛世王朝对于以农立国这一基本国策的宣示彰显和吟咏寄望，在传统史料记载的基础上还原历史画面，感受人物心情，通过《劭农纪典》中更多的信息透露，让过往保持真实的温度，让历史变得生动鲜活。

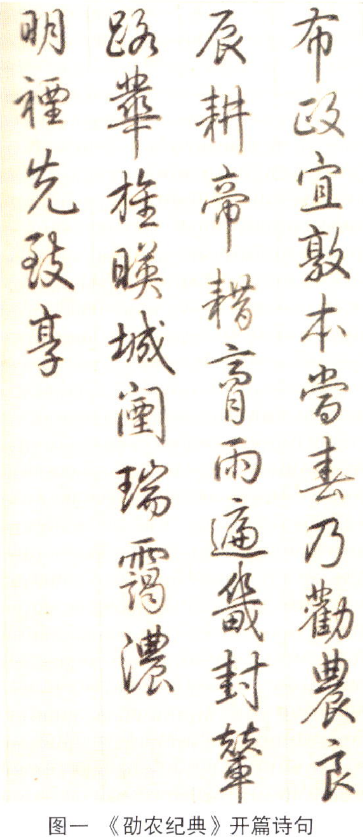

北京先农坛是明清两代帝王祭祀先农神和举行亲耕耤田典礼的地方，是传承中国传统重农文化的重要实物建筑载体，由先农坛台、神厨、具服殿、观耕台、耤田等组成。观耕台南的一亩三分耤田是皇帝亲耕之所，也是我们通常所说"皇帝的一亩三分地"。耕耤礼即是君王号令全国重农务本、勤于稼穑并身体力行的重要体现。明清以来，每至春季帝王来此行耕耤之礼，亲耕田亩以感召神灵，劝导众生务以农为本。明代自永乐以后，皇帝只在登极时亲祭先农一次，此外则派遣顺天府官代祀先农。有清一代，自顺治十一年（1654）始定岁仲春亥日行耕耤礼。至康雍时期，随着典章制度的逐渐完备及康熙、雍正两位帝王实施重视农业的施政方针，祭先农、耕耤田成为重要的国家祭祀典礼。乾隆时期更是在其手书的《劭农纪典》中，通过对父祖重农精神的追忆、对以农立国之家法与国法的深刻认识、对北京先农坛这一祭祀场所的整饬与修缮记录及乾隆皇帝本人在先农坛的历史足迹记载等，将这一时期的耕耤祭礼以更具画面感的形式昭示于后人，使我们不仅可以想见祭礼的庄严，还能透过文字记载一窥天子内心，这也正是御制诗之于还原历史真实的价值所在。

图一 《劭农纪典》开篇诗句

一、阐释父祖的虔祭重农，言明自身的继承发扬

乾隆皇帝对于耕耤祭礼的重视是与乃祖乃父一脉相承的。《清史稿》中记载，"康熙时，圣祖尝临丰泽园劝相。雍正二年，祭先农，行耕耤。三推毕，加一推。颁新制三十六禾词。赏农夫布各四匹，罢筵宴。颁赐各省《嘉禾图》。"①史料记载中的康熙皇帝丰泽演耕、雍正皇帝坚持行四推礼以示重农等在《劭农纪典》中都有追忆，如在乙巳年（乾隆五十年，1785）所拟禾词中即有"丰泽当年景依旧，词传雅颂岂殊其"之句，诗句中夹注："我皇祖建丰泽园于西苑，常课耕植。至皇考岁举耕耤之典必先演耕于园北，弄田尔时予每奉命从耕。"从雍正二年（1724）至雍正十三年（1735），雍正皇帝皆亲赴南郊致祭先农，亲耕耤田。童年与青年时代的耳濡目染、亲身参与深深影响着乾隆皇帝，使其执政后长久坚持耤田祭礼，正如他在御制诗《春耦斋即事》中说：耕耤之礼，"则非遇巡幸外出，岁必躬临"②。据《清史稿·礼志二》记载："乾隆三年，帝初行耕耤礼，先期六日，幸丰泽园演耕，届日飨先农，行四推。"这是乾隆皇帝的第一次行耕耤礼。查《石渠宝笈三编》，在乾隆皇帝御笔《劭农纪典》诗后自题："追溯乾隆三年，肇举是典，四年踵行之，皆未有诗，迨六年始成长律。其时年甫三十有一。"在乾隆皇帝执政六十年间，乾隆三年（1738）和四年（1739）两次亲耕没有诗句留存，加之《劭农纪典》中有诗作记录的26次，赴北京先农坛行耕耤礼共计28次③。

历代天子亲耕都是遵从周天子三推之制，清代前期也不例外。但自雍正帝始，天子三推之后复加一推，即多耕作一个来回以示尚农，复加一推成为雍正帝之后的定制。从乾隆皇帝始行耕耤礼即遵从定制坚持四推，在《劭农纪典》诗中有多处描写。丙寅年（乾隆十一年，1746）述事诗"三推勤已谕，加一训尤明"，诗句夹注："加一之礼盖自我皇考始行之"。己卯年（乾隆二十四年，1759）耕耤礼成述事"三献遵伊古，四推匪自今"。癸未年（乾隆二十八年，1763）禾词中有"一墢三推古礼详，更教加一肇先皇"之句。加一推是继承其父遗志，因此反复吟咏，三推之后复加一推，绝不仅仅是数量的增加、形式的改变，而是借此传递更深层次的信息。自古以来，"务农桑兮为政本，兴礼节兮崇教资。民乃力穑岁无阻饥"④，农业是一切礼乐教化的根本，"政本""教资"是耤田礼的大旨。通过耤田礼向全天下发出的是农为政本、礼为教资的训谕，推耕次数的累加正是对这种信息的强化。

直至乾隆皇帝六十岁以后，由于年事渐高才恢复为三推，壬辰年（乾隆三十七年，1772）禾词中有"惟是三推只循例，未曾加一愧殊前"句，句中夹注："将行耕藉有以朕旬以上为辞者，不允，但依典制三推弗行加一礼，亦足省步节劳，然心中则以为愧矣。"这与《清史稿·礼志·吉礼二》中"三十七年，群臣虑帝春秋高，吁罢亲耕，不许。命依古制三推。嘉庆以降，仍加一推如初"的记载一致，只是乾隆皇帝自己的诗文于记述之外更增加了心绪的描写，心中的不安与惭愧来自对祭礼的虔诚，"筋力及兹尚能步，三推恭已敢辞慵"（乙巳年禾词）；更来自对祭礼所表达的倚重农业之现实意义和体恤农人之执政操守的认识、坚持，正像诗句中表达的"百物由来惟谷宝，四民端的是农劳"（乙丑年述事诗），"惭愧朕躬终岁者，敢言农务率身先"（丁卯年述事诗），"习劳讵止知民苦，民命攸关念在兹"（壬寅年禾词），期望与寄托之情跃然纸上，天子身先勤民务，古稀不辍耕耤礼，乾隆皇帝在父祖倡导的农为国本的执政基础上，发扬光大。乾隆时期，社会稳定、农业繁荣、人口激增、疆域扩大，将康乾盛世推向新高峰。

二、耤田以示敬农，既是家法传承，也是国法昭彰

正如前文所述，乾隆皇帝继承了其父祖的重农精神和劝农意识，也自然有责任将之传承下去。在乾隆统治前期，史料中不乏乾隆皇帝率领亲族兄弟祭农亲耕的记载，如乾隆十八年（1753）"乙亥，上耕耤，诣先农坛行礼，更服至耤田所，躬耕三推，复加一推，御观耕台，命怡亲王弘晓、裕亲王广禄、和亲王弘昼各五推"⑤。又如乾隆十九年（1754）"乙亥，上耕耤，诣先农坛行礼，更服至耤田所，躬耕三推，复加一推，御观耕台，命康亲王永恩、裕亲王广禄、和亲王弘昼各五推"⑥。在乾隆统治后期，多见率皇子亲耕的记载，如乙巳年（乾隆五十年）禾词中"从耕播种命诸儿，稼穑艰难俾克知"，夹注："今岁耤田因令皇六子、皇八子从耕，皇十一子、皇十五子随行播种，俾知稼穑之艰难，亦仍遵彝训也"。乾隆五十四年最后一次在先农坛行耕耤礼时更是有六位皇子亲王随行，如《清实录》载："癸亥，上耕耤，诣先农坛行礼，更服至耤田所，躬耕三推，御观耕台，命皇六子质郡王永瑢、八子仪郡王永璇、豫亲王裕丰各五推。皇十一子永瑆、皇十五子颙琰、皇十七子永璘，随耕布种"，两次提到的皇十五子即为继位的嘉庆皇帝。亲耕重农是作为家法彝训授之子孙的，这在《劝农纪典》诗句中多次被吟诵，如庚辰年（乾隆二十五年，1760）禾词中有"率稼供粢胥要道，敬遵家法岁躬亲"句，癸未年（乾隆二十八年）禾词中有"重农要欲所无逸，家法绳绳自我覆"句。在传统的农业社会，重农尚农是全天下的普世价值，"岁岁躬亲不遑逸，劝农家法式勤思"（乙亥年禾词），天家一脉正是这种普世价值观的倡导者和引领者。

家法之传承的推而广之就是国法之昭彰。在庚辰年（乾隆二十五年）拟禾词中有"诸部回人列观预，俾知国典重农耕"句，夹注："是日，命随将军凯旋入觐之哈密郡王玉素富暨各回部贝勒贝子公伯克等于迎驾后并将入坛观礼"。经康熙、雍正、乾隆三朝的不懈努力，清朝于乾隆二十二年（1757）、二十四年，先后平定准噶尔和大小和卓之乱，统一天山南北，万里回疆尽入中华版图。为了将中原农耕文明传播到遥远的新疆，特命回部首领耤田观礼，对于新归土地上的臣民而言，观礼是学习，更是教化。诗注中所提玉素富的名字在《清史稿·尹继善传》也有出现："十八年，（尹继善）复调署陕甘总督。雍正间，开哈密蔡伯什湖屯田，乾隆初，以畀回民。贝子玉素富以屡歉收请罢。尹继善奏言：'从前开渠引水，几费经营。回民不谙耕作，频岁歉收。万亩屯田，弃之可惜。请选西安兵丁子弟，或招各卫民承种。'上韪其言。"这段文字虽是描写尹继善的执政作为，但从另一侧面可知玉素富作为哈密回王，早在中央政府设立伊犁将军统辖天山南北新疆全境之前，已经学习汉地引导哈密地区屯田耕作。玉素富后被封札萨克多罗贝勒，赐郡王衔，位列平定西域后五十功臣，画像入紫光阁。玉素富在进京觐见时受邀入先农坛观耕耤礼，正是体现了乾隆皇帝以农立国的国策彰显及教化远播的良苦用心，也再次证明耤田礼之于政本和教资所起到的重要作用。

三、修缮整饬先农坛，去除浮华繁缛，强化恭祭庄严

乙亥年（乾隆二十年，1755）耕耤礼后作述事诗中有"祈丰祀修洁，致敬宇维新"的诗句，夹注："上年南北郊坛工竣即命重修先农坛，并于墙外多植嘉树而禁种菜以致蠲洁时方藏役。"恰如《清实录》所载，"朕每岁亲耕耤田，而先农坛年久未加崇饰，不足称朕祗肃明禋之意。今两郊大工告竣，应将先农坛宇修缮鼎新，即令原督工大臣等敬谨将事。其外墙

隙地，老圃于彼灌园，殊为亵渎，理应多植松柏榆槐，俾成阴郁翠，庶足以昭虔妥灵。着该部会同该衙门、查明绘图具奏。"[7]早期的先农坛只在内坛种松柏树木，内外坛墙之间是护坛地，由坛户耕种，种植五谷蔬菜，并无树木。乾隆十八年（1753）以敬肃坛区、体现对先农之神的敬重为由，撤除坛户，在护坛地广植松柏榆槐，从此先农坛内绿树成荫。时隔数年，当戊寅年（乾隆二十三年，1758）乾隆皇帝再到先农坛行耤礼时，满怀欣慰地留下了"松柏笼垣古，坛壝拘鼎新。粢盛供上帝，淳濯倍增寅"的诗句。坛区经过整饬，更加肃穆庄严，苍松翠柏掩映下的先农坛，实为天人交流的理想所在，是农神在人间的圣地。耤田所产粮食作为祭祀所用的粢盛，是礼神的重要祭品，粢盛是否丰洁，关系到对神灵是否恭敬，更关系到祈望能否实现。从这个意义上讲，先农坛坛区的整治不仅使面貌一新，同时也是对农神表达虔敬以期得到庇佑的深情表达。

在这次先农坛修缮过程中，另一项重要工程是将临时性木质观耕台换为永久性砖石观耕台。"（先农）坛东南为观耕台，方广五丈，高五尺，东南西三出陛，以木为之，耕耤时由部安设（今改甃砖石）……十九年奉旨观耕台著改用砖石制造。随遵旨议准台座用琉璃仰覆莲式成造，前左右三出陛，砌青白石阑版，用白石台面铺墁金砖。"[8]在《劝农纪典》诗中观耕台被屡次提及，如丁卯年（乾隆十二年，1747）礼成述事诗中有"试上观耕台上望，今年耤礼倍光辉"，庚午年（乾隆十五年，1750）所拟禾词中有"观耕台上日华明，次第三王及九卿"之句。这两处提到的观耕台因在乾隆十九年以前，还是木质结构。在乙亥年（乾隆二十年）禾词中即有"栏辉白玉望耕台，帝耤今年礼倍该"的描述，工程新竣，乾隆皇帝吟咏了庄严肃穆中矗立的观耕台，同时寄予的更是祭礼之于上天的祈报。

撤除耤田彩棚是乾隆皇帝改革先农坛耕耤礼的一个重要举措。在清宫画师留下的《清雍正帝先农坛亲祭图》中，耤田中部覆以巨大彩棚，用以帝耤时蔽日挡雨。《清史稿·礼志二》载，乾隆二十三年谕曰："吉亥耤亩，所重劝农。黛耜青箱，畚镈蓑笠，咸寓知民疾苦至意。吾民雨犁日耘，袯襫维艰，炎湿遑避。设棚悬彩，义无所取。且片时所用，费中人数十户产也，其除之。"这一举措在其后乾隆皇帝的御制诗中反复被记述，多次重申裁撤浮华繁缛之劝农悯农的良苦用心。戊寅年（乾隆二十三年）述事诗中"青箱黛耜陈依旧，彩缀华棚罢以新"的描写，与史料记载一致。癸未年（乾隆二十八年）禾词中有"罢设彩棚惟露冕，匪缘节用实钦农"句，甲申年（乾隆二十九年，1764）禾词作"彩棚早已彻华纷，卅六禾词依旧闻。何必金根重载耒，所期惟实不惟文。"通过诗句传达了节用、钦农、惟实的初衷、理念和风格。先农坛在乾隆时期的集中修缮与整饬，正是对其思想主张的贯彻与实施，恤农不失虔敬，敬农兼顾节约，营造坛庙庄严，去除浮华繁缛。

四、与北京先农坛的告别充满了功成圆满的自豪，而字里行间也流露出壮士暮年的留恋

乾隆皇帝最后一次来到先农坛耕耤行礼是在己酉年，即乾隆五十四年，此时的乾隆皇帝已是79岁高龄。其己酉年述事诗写道："廿七承明祀，八旬近次年。"诗中夹注："五十四年之间已亲祀廿七次，年近八旬欲于今后年间凡中祀皆亲祭一周，自后即可依例遣官。"这是乾隆皇帝与北京先农坛半个多世纪以来的最后一次遇见。乾隆帝已执政五十四年，与先农坛的告别是否也寓意着与更多人事的告别？"及兹能执礼，于是尽心虔。兴谷功垂古，绥丰惠助天。"承蒙上天的眷顾，源自内心的虔诚，兴农功垂千古，丰稔赖报

天恩，这更像是乾隆皇帝对数十次祭农礼的总结，同时也是执掌这个农业帝国千帆竞渡数十载的感悟！"礼成逮观瘗，欲退意卷然"，一场繁华的落幕是否也杂糅着更多的心理活动，功成身退的留恋？渐入老境的落寞？或者兼而有之吧。

告别之行的述事诗稍显沉重，而当日所作禾词就轻松许多，且充满豪气。"七旬有九勤耕耤，自审庶无负古稀"，这是乾隆皇帝对自己高龄而不辍祭礼的自我评价，无负古稀绝不仅仅表现于此，念兹在兹，塑造的是半个多世纪勤政爱民的明君形象。"中祀一周行合当，及兹身体尚康强。尽予恳歉抱蜀职，能此都缘天锡祥。"这是《劭农纪典》册中最后一首禾词，乾隆皇帝再次重申"予立愿归政以前，郊庙大祀岁必躬亲近思，中祀亦欲于两三年内皆亲祭一周。盖自揣八旬之年，蒙天眷佑精力尚强，勉尽恪虔以尽为君之职，此后则当依例遣官矣"。抱蜀之职源于天赐嘉祥，这正是仁君厚德的终极信念，想必乾隆皇帝写下此句时，内心当是充满着激越豪情的！

告别之行天公作美，一切妥帖，于是君心大悦，厚封嘉赏。"谕：本日举行耕耤，适值天气晴明，一切典礼办理俱为妥协。所有执事之大臣官员人等，均着交部议叙。顺天府系承办衙门，蒋赐棨已经赏戴花翎，仍与吴省钦一并交部从优议叙。其老民人等，向例有应得赏赉，此次著加倍赏给。此内有八十一岁之老民刘荣，着赏给七品顶戴，再加两倍赏赉。至随从之侍卫人等，着分别赏给缎匹，以示朕行庆施惠至意。"⑨年至耄耋，即使是千古帝王，亦有岁月赋予年轮的宽仁与厚爱，透过字表，一个心忧天下、挂怀农桑、爱民如子的盛世君王依稀可见。

在先农坛本《劭农纪典》的最后，有末次耕耤礼臣数人的跋文一篇，就乾隆皇帝躬行祭农典礼及积诗成册之事给予总结与歌颂："盖自御极以来，举是典者凡二十七度，至今年圣寿七旬有九矣。懿夫劭本先劳昉自姬稷列代，莫不以是数典。至我朝有加重者，辟丰泽以演耕钦家法也，率皇子以从耕裕后昆也，秉耒加推益勤力也，回人列视扩农功也，撤彩棚之饰祛华以敦本也。禁蔬圃之艺昭洁以明敬也。其沿革损益具在诗中……"跋文虽不乏溢美之词，但所述当为史实。

乾隆皇帝与北京先农坛的一世情结，是盛世帝王敬天勤民的真实写照，是农业古国虔心重农的历史缩影，更是中华民族厚德载物的美德彰显。

---

① 《清史稿》卷八十三《礼二》。
② 文渊阁四库全书本《春耦斋即事》四集卷十九。
③ 《石渠宝笈三编》中《劭农纪典》乾隆自题跋文中记："即位以来，亲祀先农，凡二十有八度。"在《己酉暮春上浣恭祭先农坛礼成述事》中又有"廿七承明祀，八旬近次年"的诗句，诗意理解应为回顾此前的二十七次亲祀，而不包括己酉年的当次。在先农坛本《劭农纪典》中没有乾隆皇帝的自跋，而是参与末次耕耤礼臣数人恭跋一篇，依据乾隆诗句，采二十七次说。《石渠宝笈三编》中的《劭农纪典》书于先农坛本后一个月，且乾隆皇帝自跋，又有两次无诗耕耤和二十六次有诗著录，故笔者执二十八次说。在陈传席先生《乾隆劭农纪典研究》中采二十六次说，立论基础是查御制诗统计二十五次，但据实统计为二十六次，在此与陈先生商榷。
④ 王禹偁：《藉田赋》，《四库全书·御定历代赋汇》卷五十一《典礼》。
⑤ 《清实录·高宗实录》卷四百三十五。
⑥ 《清实录·高宗实录》卷四百五十九。
⑦ 《清实录·高宗实录》卷四百五十。
⑧ 《钦定大清会典则例》卷一百二十六。
⑨ 《清实录·高宗实录》卷一三二四。

（作者单位：北京古代建筑博物馆）

王绎、倪瓒合作《杨竹西小像》相关问题研究

丁 霏

北京故宫博物院所藏《杨竹西小像》是由元代王绎、倪瓒合作完成的一幅肖像画（图一），仅仅是两位画家的身份及其作为王绎传世孤品的地位，就足以成为美术史上必须提及的一幅名作。但是"提及"通常是以资料介绍为主，缺乏细致深入的考察。对于《杨竹西小像》而言，合作画的特殊身份必然成为阅读的重点，因此，本文尝试对这一特殊身份进行考察，并结合画面各个局部进行视觉分析，解读画面内涵，加深对作品的理解。

一、合作之画

（一）王绎与倪瓒的合作

《杨竹西小像》卷末有倪瓒行书题识两行："杨竹西高士小像，严陵王绎写，句吴倪瓒补作松石。癸卯二月。"癸卯为至正二十三年（1363）。据此可知此卷为王绎、倪瓒合作而成，画中人物应是杨谦。人们常以倪瓒的题识将此画定于1363年，而当时的情况并非如此简单。倪瓒确为1363年补画，这一点有亲笔题识为证，而对于王绎于何时何地作杨竹西小像，少有论及。王绎在画像上没有题款，也没有加盖印章，好像只是即兴而作，如果没有倪瓒的题识或是历代的著录，我们今天也许就将其当作佚名作品来对待了。其实作品的题跋已经透露出一部分的讯息。郑元祐在其题跋最后注明了时间，即"至正二十二年壬寅岁春二月，遂昌山尚左老人郑元祐明德父题"，而他又是第一位题跋者，因此王绎的画像应该是在至正二十二年（1362）二月之前完成的，而倪瓒到了至正二十三年二月才补上松石。由此可以明确，两位作者之间的合作实际上是一种

图一 元 王绎、倪瓒合作《杨竹西小像》
（纸本墨笔，27.7厘米×86.8厘米，北京故宫博物院藏）

前后关系的合作，而且时隔至少一年。这一点与一般的合作画不一样，通常的合作画是在一张桌子上完成，即使其间有先后之分，也是在一个很短的时间间隔之内。

就一般的合作画而言，前面的执笔者都知道会有后续者补画景物，在大多数情况下还会知道后续者的身份，甚至一起商讨如何处理画面。但是《杨竹西小像》则显得有些特别。前面已经提到画上并无王绎款识，也没有留下任何有关此画的只言片语，因此王绎当时所知所想我们并不清楚。不过，可以肯定的是王绎与倪瓒的合作倒不止这一回。《清閟阁集》卷八记载了他们的另一次合作："良常张先生像赞：钱塘王生思善画德常，时年四十二矣。德常高情虚夷，意度闲雅，顾非顾长康之邱壑置身，曹将军之凌烟润色，又那缘得其气韵耶！王生盖亦见其善者几耳。今日因过德常草堂，出此图求赞，且欲作树石。乃先缀数语像上，树石俟他日补为之……"[①]显然，这一次又是王绎先作了良常张先生的画像，倪瓒后被邀请为此图题赞并画树石。倪瓒当时即为画题赞，但表示树石等日后有空再补。倪瓒最后是否补画树石，我们不得而知，但这则记载足以令我们相信王绎与倪瓒之间还有更多的合作，只是没能流传下来。同时，也让我们有理由推测，当时社会上对画像的要求并非简单的画像，而是先请人物画家画像，再由山水画家补景，各擅所长。如果这样的推测可以成立，那么，作为人物画家的王绎就一定知道这张《杨竹西小像》会有后续者补画，但具体由谁来补可能就非他所知了。

两人合作完成的《良常张先生像》并没有流传下来，而流传下来的《杨竹西小像》又没有执笔者的详细记述，那么，我们是不是可以整体地看待这两幅画像？或者说是否可以将已有的资料合二为一呢？我觉得是可行的。《杨竹西小像》有一处细节值得注意，九段题跋不是在描绘杨谦的形象，就是在谈论他的气节、才华，竟

无一谈及倪瓒补的松石，岂不怪哉！倪瓒的画"在元代虽然尚未得到社会的普遍重视，但已名重上层知识界"[②]，而且这些题赞之人中不少也与倪瓒有过交往。《云林遗事》中提到这样一则逸事："杨廉夫耽好声色，一日与元镇会饮友人家，廉夫脱妓鞋置酒杯其中，使坐客传饮，名曰鞋杯。元镇素有洁疾，见之大怒，翻案而起，连呼龌龊而去"[③]。杨廉夫即杨维桢，他与倪瓒共同赴宴。虽然最后是倪瓒大怒而去，但足以说明两人是认识的，并有共同的朋友。有学者考证出倪瓒与杨维桢于至正初年张雨在世时就有交往[④]，应该是符合事实的。杨维桢与倪瓒既有交情，又收藏他的作品[⑤]，为何在《杨竹西小像》题赞时避而不谈倪瓒的松石呢？何况还有郑元祐、张雨这些与倪瓒交往几十年的老朋友在[⑥]，不可能不提倪瓒的补图。我以为有这样一种可能，即众人题跋的时间均早于倪瓒补画松石的时间。也许当时的情况与《良常张先生像赞》所描述的情形类似，而《杨竹西小像》也是倪瓒"俟他日补为之"的作品。不过，整幅画给我们的感觉还是协调的，就像是在一张桌子上商议完成的一样，可见倪瓒补景之精心。但这种协调也让我们不太会去注意作品的细节，轻易地放过了倪瓒补景与画像之间的时间差，就会很自然地认为倪瓒与王绎是共同布局的[⑦]，而事实上这样的可能性极小。

（二）职业画家与文人画家的合作

藏于中国台北故宫博物院的《溪凫图》是元代另一幅著名的合作画（图二），由陈琳与赵孟頫合作完成。画幅左侧有赵孟頫题识："陈仲美戏作此图，近世画人皆不及也，子昂。"诗塘有元人仇远题跋："大德五年辛丑秋，仲美访子昂学士于徐英松雪斋，霜晴溪碧，作此如活，使崔、艾复生，当让出一头。修饰润色，子昂有焉。昔人有以千金换能言鸭者，此虽不能言，亦非千金毋轻与。是年除夕题于躬行斋。南阳仇远。"陈琳，字

文物研究

图二 元 陈琳、赵孟頫合作《溪凫图》
（纸本设色，35.7厘米×46.5厘米，中国台北故宫博物院藏）

仲美，赵孟頫，字子昂，可见此图作于赵孟頫的松雪斋，是陈氏访赵孟頫时即兴所作的写生画，赵孟頫为之润色。

虽说是润色，其实对画面的改动很大，现在我们见到的《溪凫图》只有岸边的野鸭为陈琳所作，而画面右上方的芙蓉、下方的坡石小草和水波都是赵孟頫后加上的。不过，在赵孟頫所加的粗笔水纹之下，我们还能看到陈琳原画细笔波纹的痕迹，这就表明陈琳当时不仅画上了野鸭，而且画出了水纹。也就是说，赵孟頫对这幅画所做的工作并非补画，而是改画。这一"改"涉及两人的心态问题。首先，这张画是在赵孟頫的松雪斋中所作，在主客关系上是赵孟頫为主，陈琳为客；其次，这幅画先由陈琳画出大体面貌，再由赵孟頫修改，其中必然包含着上对下的指教态度；同时，赵孟頫又是改图，又是题识称赞，还有当时著名文人仇远、柯九思的题跋，可见赵孟頫等人对陈琳的提携之意。

值得注意的是，赵孟頫题识里两个关键词，一为"近世"，二为"戏作"，显示出他改画的动机。相对于赵孟頫而言，"近世"指的是他所处的南宋。当时流行南宋院体画风，由于赵孟頫作为文人画家，与院体画家的审美趣味有所不同，所以提倡作画要有古意，而这个"古意"正是近世绘画中所没有的，文人画家是要通过学习五代、北宋的绘画才能追摹一二。可如今在赵孟頫手把手指导下，身为职业画家的陈琳也可以完美展现，甚至仇远认为其成果已经超过了北宋同为职业画家的崔白。"戏作"就更好理解了，赵孟頫既然上追五代、北宋画风，米芾的云山墨戏正是符合文人情趣的表达方式，因而"陈仲美戏作"的表述，实则将作为职业画家的陈琳纳入到原本仅属于文人画家的戏作领域。

虽然同为职业画家与文人画家的合作，但是《杨竹西小像》与《溪凫图》在合作方式上有所不同。《溪凫图》是两位画家主动进行的合作，职业画家通过与文人画家合作，表现出他的文人趣味，并试图靠近文人的圈子，希望得到他们的认可。与此同时，文人画家并未固守圈子，而是主动接纳职业画家，通过指导、润色、补绘职业画家作品的方式，提升作品的文人意趣。而《杨竹西小像》的合作实际是杨谦主导，是他先后邀请了两位画家为其作画，他们二人是被动接受的合作，但是在这种前后关系、被动接受的合作之下，合作双方是否也同样具有自我表达的愿望和空间呢？他们又是如何表达的呢？我们有必要对画面内涵做进一步探讨。

二、《杨竹西小像》之视觉分析

杨竹西的情况我们知之甚少，只知道他是一名隐士。《宋季忠义录》中有传："杨谦，别号竹西，读书不仕，常筑小楼登眺，题曰云山不碍楼。杨维祯、贝琼俱为歌咏。"⑧《元人传记资料索引》称："杨谦，号平山，又号竹西，松江人。读书不仕"⑨。看来，读书不仕是杨谦留给后世最为深刻的印象，或者它代表了最为时人乃至后人熟悉和推崇的品质。

合作者之一的王绎作为一名肖像画家，我们现在除了《杨竹西小像》外已看不到他更多的作品。王绎，字思善，号痴绝生，祖籍睦州（今浙江省建德），寓居杭州。十二三岁即能画肖像，后得吴中顾逵指授，画艺更进。与人谈笑间记取形貌，落笔传神，极具特色。王绎还将他的人物肖像画创作方法撰成《写像秘诀》一文，成为我国古代早期关于肖像画创作技法的重要著作。

王绎自然不是隐士，但另一位合作者倪瓒的隐士身份确信无疑，甚至在他的

图三 《杨竹西小像》局部

那个时代也被认为是高士。那么，既然他与杨谦同为隐士，倪瓒当然要强调这种一致性。要了解这一点，需要从《杨竹西小像》的画面入手来分析。立于画面偏右的杨谦留着长须，头戴乌巾，手执竹杖，衣袍宽松，面相清癯，磊落而有神。人物面部均以淡墨为之，以线为主，略事烘染，着墨不多而神情毕肖，表现出很高的艺术水平。倪瓒所补松石，笔墨枯淡、松秀，与人物相得益彰。尤其是所补的松树（图三），与倪瓒其他流传下来的作品有很大区别。从形态上讲，这棵松树呈现出向右弯曲之势，树枝向下垂落，甚至一枝与地面近乎直角。而在他的其他作品中，往往都是几棵树前后交错排列，树木直立或稍有倾斜，树枝向上生长，在岁月沧桑之中具有不屈的精神。从笔法上讲，倪瓒所补松石明显很工细，松针有明暗变化，树干上也有斑驳的质感，与其他"逸笔草草，不求形似"的画有很大区别。在构图上，倪瓒并未把树木的完整形象表现出来，而是让松树的中上部溢出画面，让观者看到一个残缺的形象，这也是在其他作品中很少见到的。当我们要去追问原因时，也许有人认为这幅是倪瓒补的横幅手卷，并非他常画的立轴，因此在空间安排上就会形成一种习惯性替换，即将立轴中同样大小的树石画入横幅中，形成这种"顶天"的效果。这样的解释明显有不全面的地方，倪瓒并非没有画过手卷，现存于中国台北

图四 元 倪瓒《安处斋图》
（纸本墨笔，25.4厘米×71.6厘米，中国台北故宫博物院藏）

故宫博物院的《安处斋图》就是一个例子（图四）。整幅画的左半部分与《杨竹西小像》有异曲同工之妙，只不过是方位颠倒而已。从杨谦走路的方向来看，《杨竹西小像》中小路是从左向右延伸，画面左边的松石占据了一半空间，且与最右边的几块碎石共同表明路的边界，同时人物就出现在这条设计好的小路上。同样的，《安处斋图》的左半部分也是通过山坡与最左边的石块来界定出路的范围，再在小路上画出房屋。同时我们也应该看到，虽然两图在局部构图上有相似之处，但是《杨竹西小像》中的松树被画家从山坡上挪到了地面上，并且将其放大，使得画面本身已经承载不了。我想这应该是倪瓒为了表现树石与人物的比例关系而做出的选择。同一时代的张渥为杨谦创作的《竹西草堂图》也非常强调这种比例关系（图五），以致位于草堂两侧的巨大松树远高于杨谦所在的草堂。

还应当注意到，《杨竹西小像》中只画了一棵松树，这在倪瓒的画中是鲜见的，考察他的其他作品都没有这样的孤松存在。那么他使用这种特殊的景致仅仅是为了衬托杨谦的高士气节，还是有什么其他的深意呢？前面提到过一处细节，即相对于倪瓒其他作品，这棵松树以非同寻常的姿势站立着，它极大地向右倾斜，而右边正是王绎所画的杨谦肖像。由此我们可以很自然地看出了倪瓒的意图，他其实是把松树这个他擅画的主题作为一个符号，作为象征他自己的符号，以强调与杨谦相同的隐士身份。而且树枝向下垂落好像是恭敬的表现，他要以此来表达自己对高士品格的崇敬。其实倪瓒常常使用这样的作法，他会赋予笔下的树木竹石以独特的个性，会用集群的丛树隐喻独立傲世的朋友[⑩]，

图五 元 张渥《竹西草堂图》局部
（纸本墨笔，辽宁省博物馆藏）

比如《岸南双树图》中的双树其实就是代表他自己与友人公远。当我们再次将目光投向张渥的《竹西草堂图》时，相似的情景出现了，双松的冠部向杨谦所在的草堂倾斜，并且也有与《杨竹西小像》类似的向下垂落的枝条，同样在赵孟頫的《双松平远图》中也有相似的情况（图六）。张渥据推测卒于1356年[⑪]，那么他与赵孟頫作画的时间都早于《杨竹西小像》。相较倪瓒在《画谱》及《幽涧寒松图》中的松树，也都没有《杨竹西小像》中的特征，因此可能倪瓒在创作时受到了前人艺术上的影响。这里就出现了一个问题，倪瓒为何放弃自己原有的绘画习惯而使用前人的图示呢？为何独独在表现杨谦这一高士时选择了这一图示呢？这是否说明元末文人表现高士题材是有一定程式的呢？我想是有可能的，当然这里所指的"程式"实际

图六　元 赵孟頫《双松平远图》局部
（纸本设色，美国大都会美术馆藏）

是指对前人图示的运用。在元末动荡的社会中，文人对高士是异常敬重的。他们描绘高士必定带有主观上的认同，并且希望与画中人物发生关联，因此在表现上就会强调与高士的一致性，而运用前人的题材或者图示不失为一种有效的办法。前人的图示是文人画家学习的对象，自然也为他们所推崇，因此用这样的内容来表现高士，就使画面更有古意，由此凸显画家在审美情趣上与高士的契合点。

整幅画中杨谦是主角，他的形象可以说为整个画面奠定了基调。杨谦画像全以水墨画成，现代学者评价王绎笔下的杨谦是老成持重，除了面部描绘外，黑帽、黑色衣边以及黑鞋头也更加突出了这种持重感[12]。这种墨色所形成的持重感流露出王绎对杨谦的崇敬之情，而这些墨线本身又何尝不是对当时兴起的文人画的一种认同或者靠拢的方式呢？王绎的《写像秘诀》篇幅虽短，却内容丰富，其中有专论题为《采绘法》，讲的是如何为面部、服饰、器用上色，如何调配颜色等内容，细致入微，可见他对色彩极其重视。但随着文人画的兴起，这种追求笔墨趣味的文人画风表现在肖像画上，就是以墨代色，间接表现出色彩的韵味。王绎在为杨谦画像时，并未采用自己熟悉的设色画风，而选择全以水墨描绘，这一画风的选择可能是应杨谦之请，但也存在另一种可能，就是王绎主动的取舍，反映出他内心的追求。

三、结语

在合作形式上，前后相继、被动合作的《杨竹西小像》虽不如《溪凫图》具有更为自由的创作空间，但合作双方也同样具有自我表达的强烈愿望。王绎和倪瓒通过为杨谦创作肖像，加入了各种表现手法和隐喻方式，以表达对杨谦这一高士的推崇，同时又把自身纳入到表现之中，表达出他们在元末乱世中的精神寄托。

文人画往往是趣味必兼及画外，画面纷繁的表象并不能遮蔽精神层面的真实，《杨竹西小像》告诉我们的绝不仅仅是杨谦这位高士的容貌、气质，更重要的是它带领我们走近元末文人的精神世界，探求他们内心的真实。

①陈高华编：《元代画家史料汇编》，杭州出版社，2004年，第796页。

②⑤陈传席：《中国山水画史》（修订本），天津人民美术出版社，2001年；第302页。

③王季迁：《倪云林生平及诗文》，《故宫季刊》第一卷第二期，中国台北故宫博物院，1966年，第33页。

④中国台北故宫博物院编：《元四大家》，中国台北故宫博物院，1975年，第24页。

⑥中国台北故宫博物院编：《元四大家》，第21页。书中考证倪瓒与张雨、郑元祐的订交都在三十岁以前。

⑦周林生主编：《中国名画赏析·宋元绘画》，河北教育出版社，2004年。其中余辉认为《杨竹西小像》"从整个构图来看，两位画家是共同进行布局的，前后相接自然协调……"

⑧（清）万斯同撰，张寿镛补：《宋季忠义录》卷十五，民国四明张氏约园刻《四明丛书》本，1934年。

⑨王德毅、李荣村、潘柏澄：《元人传记资料索引》，中国台北新文丰出版公司，1981年，第1534页。

⑩方闻：《心印：中国书画风格与结构分析研究》，陕西人民美术出版社，2006年，第130页。

⑪邵洛羊主编：《中国美术大辞典》，上海辞书出版社，2002年，第93页。

⑫周林生主编：《中国名画赏析·宋元绘画》，余辉关于《杨竹西小像》的赏析。

（作者单位：北京市文物进出境鉴定所）

北京孔庙藏明代《孔子圣迹图》考略

李瑞振　绳　博

《孔子圣迹图》作为表现孔子一生事迹的连环图画，传世有多种版本。其中，以明代张楷的《孔子圣迹图》流传最广、影响最大。张楷《孔子圣迹图》计有木刻、石刻等多种版本样式流传于世，但关于诸刻之祖本却一直众说纷纭，莫衷一是。北京孔庙和国子监博物馆藏明代张楷手书《孔子圣迹图》纸本长卷，堪为镇馆之宝，亦即传世张楷《孔子圣迹图》诸刻之祖本。

北京孔庙藏张楷《孔子圣迹图》，是由北京市文物局通过文物征集后转入北京孔庙收藏的。此图长2240厘米，宽36.4厘米，卷轴装（图一）。其中，画心长1865厘米，宽36.4厘米。长卷卷端署"孔子圣迹图，明名臣张楷图像并赞"，主体绘孔子生平事迹图20事，每图均配以简略叙事及四言赞语。卷尾有跋文3篇，其一为明人张楷自书跋语；其二为张楷友人邓棨跋语；其三为邓棨之无锡同乡裴景福所作之跋语。

现刊行于世的张楷《孔子圣迹图》多为此长卷之翻刻、摹写本，而纸质祖本一直幽晦于收藏之家，故世人罕睹纸本真容。

图一　明代张楷《孔子圣迹图》卷轴

一、张楷作《孔子圣迹图》

孔子自汉代以来得到了空前的尊崇，从皇帝到大臣，无不礼敬，"高皇帝过鲁，以太牢祠焉。诸侯卿相至，常先谒然后从政。"[1]天下儒士皆以孔子门生自居，热衷于孔子相关文献之传播者亦代不乏人，其中，以图像方式传播孔子思想和文化逐步成为最直接、有效的形式。

孔子图像传播以单幅图像开始。山东、徐州等地均出土有孔子相关的汉代画像石，其题材为"孔子见老子"，形式为单幅图画。至元代，出现了多幅图画组合的形式来表现孔子事迹，但这些组合图画仅见于著录，实物则多已不存[2]。目前存世可见、系统描绘孔子生平事迹的作品，首推明代张楷《孔子圣迹图》。

张楷，字式之，号介庵，又号守黑子，浙江宁波慈溪县人。生于洪武三十一年（1398），逝世于天顺四年（1460），"享年六十有三"[3]。《明史》无张楷传，其生平事迹赖明人杨守陈《南京右佥都御史张公行状》、吕原《南京都察院右佥都御史张公墓志铭》、李贤《南京都察院右佥都御史张公楷神道碑》三篇文字以存。此外，嘉靖本《宁波府志》、光绪本《慈溪县志》亦载述其生平。上述几处文献中的记载略有异同，以杨守陈的《南京右佥都御史张公行状》中的记述最为翔实。杨守陈与张楷为"通家"之好，张楷比杨守陈大27岁，二人亦为忘年之交。

张楷少年聪颖，科举之路较为顺利，永乐二十二年（1424）考中第三甲第51名

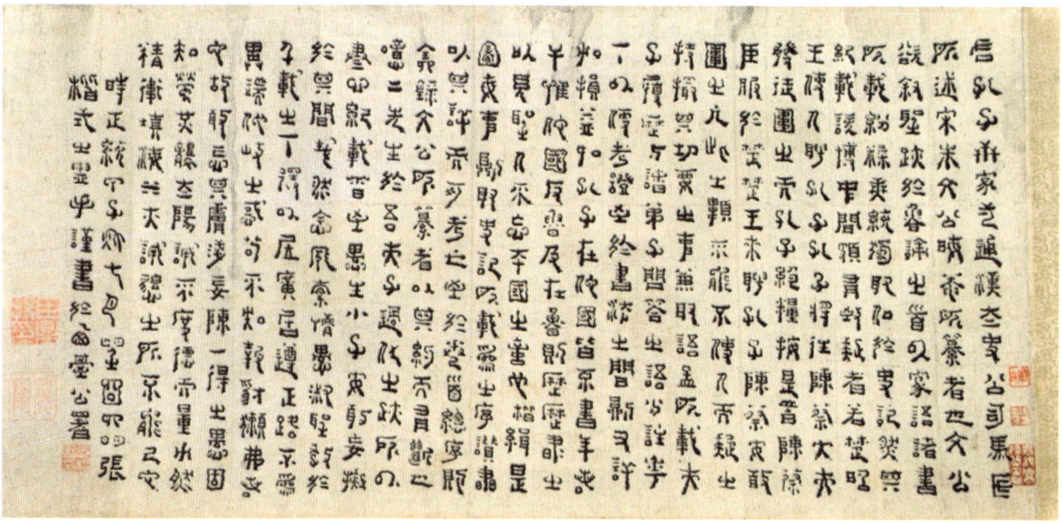

图二　张楷自书跋语

赐同进士出身，正统五年（1440）任职于陕西，《孔子圣迹图》即为其在陕西任职期间所集成。

"公少颖异，书过目即成诵。年十二能属文，十四名闻，通守召试，补邑庠生。习《诗》暨《书》，复从郑解元维垣习《礼记》。十七中乡举，后登永乐甲辰榜进士。例赐荣归，大肆力于古文辞……正统五年，升陕西按察佥事，董屯田；继升副使，督租赋及河西诸路水利，俱有成绩。寻同靖远伯王公骥巡历三边，上《安边十二策》，多见施用……公早孤，事母毛氏至孝。为人坦夷阔达，见有寸长片善者，辄播宣而奖引之，视人患难，隐若在己，赴拯之惟恐后……其学自经史至天文、医卜、小说、释老之书，无不涉猎。文章浩瀚无涯涘，能行、草、隶、篆，尤耽于诗……又尝集《孔子圣迹》，凡三十四，各为图赞，镌石于家。"④

从上述杨守陈的记载中，我们可以得知张楷所集《孔子圣迹图》共三十四幅，均有图赞，并将其镌刻成石，放置在家中。杨守陈关于张楷集圣迹图"凡三十四"的说法与传世各刻本中所记述的"二十九事"颇有出入，后来流传的刻本皆以"二十九事"为准，因此杨守陈所提到的这个石刻本应该是在祖本基础上修改润色后的其中一个版本。

张楷集成《孔子圣迹图》祖本长卷后，次年即付诸刻石，刻石前张楷除了自己所作一篇跋语外（图二），又请自己的好友兼同事江西盱江人邓荣（字孟扩）为之作跋，这就是北京孔庙所藏的张楷手书本《孔子圣迹图》。以这个纸本为底本付之于刻石，就形成了张楷《孔子圣迹图》的最早石刻本。

张楷《孔子圣迹图》最早刻石下落无考，但是刻石拓本现藏于中国国家博物馆，此拓本前有正统十年（1445）仲夏盱江邓荣（孟扩）序言一篇，每一图均有张楷题赞⑤，应该是张楷《孔子圣迹图》的最早刊行本。

嗣后，成化二十一年（1485），明人何廷瑞在张楷《孔子圣迹图》基础上新增9事，成38事刊行于世，新增9事仅有绘图和文字说明，无四言赞词⑥。何廷瑞所依据的底本即为正统十年之石刻本，此本含孔子生平事迹有"述中庸赞""尼山致祷""俎豆礼容""职司委吏""职司乘田""学琴师襄""问礼老子""在齐闻韶""晏婴沮封""退修诗书""夹谷会齐""义诛正卯""因膰去鲁""匡人围攻""丑次同车""宋人伐木""微服过宋""适卫击磬""西河返驾""楛矢贯

图三　张楷《孔子圣迹图》"夹谷会齐"

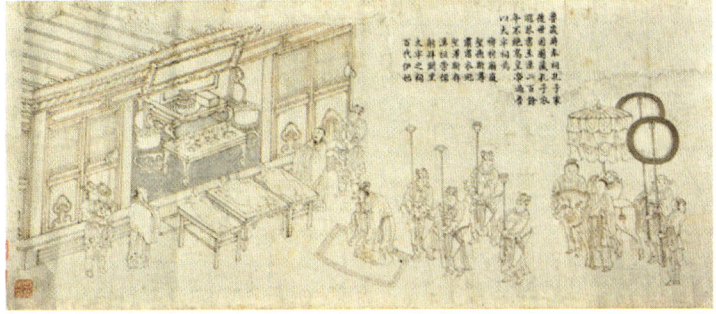

图四　张楷《孔子圣迹图》"灵公问兵"

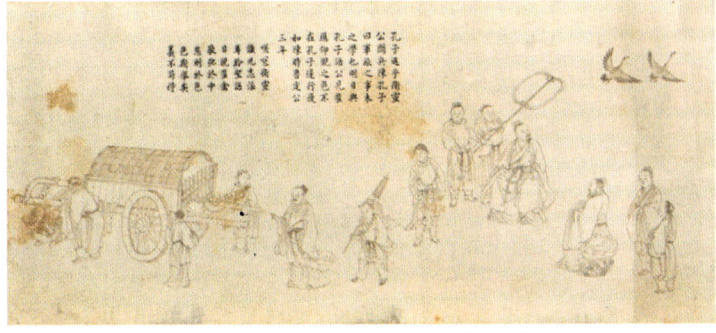

图五　张楷《孔子圣迹图》"汉高祀鲁"

隼""灵公问兵""子路问津""在陈绝粮""子西沮封""杏坛礼乐""西狩获麟""逍遥于门""治任别归""汉高祀鲁",计29事,涵盖了从孔子出生前到去世后的相关历史事迹。何廷瑞本在张楷图本基础上所新增加的内容为:"麒麟玉书""五老二龙""钧天降圣""命名荣贶""化行中都""礼堕三都""丘陵作歌""天降黄玉"。⑦

郑振铎《中国古代版画丛刊》中的《圣迹图》与此成化二十一年何廷瑞本相比勘,除无卷尾的明人柯汉题跋外,余皆相同,因此,郑氏《中国古代版画丛刊》本与何廷瑞本实为同一版本。因张楷祖本长卷及最初石刻本流传不广、传世无多,后来的题为张楷《孔子圣迹图》的版本多以何廷瑞本为母本。

北京孔庙所藏《孔子圣迹图》祖本长卷含说明文字20则,赞语19则("夹谷会齐"有文字无赞语);绘图共22幅,"夹谷会齐""因膰去鲁"二事各含图两幅。与传世本相比,北京孔庙所藏之祖本缺少"述中庸赞""尼山致祷""俎豆礼容""职司委吏""职司乘田""问礼老子""在齐闻韶""晏婴沮封""杏坛礼乐"9事,故孔庙藏此本为张楷手稿残卷(图三至图五)。

此外,北京孔庙藏《孔子圣迹图》祖本与成化年何廷瑞本在正文与序跋两个部分均有异文。其中,正文文字、赞语部分二者异文十余处,两个版本中的张楷自序部分也有异文三处⑧。既然何廷瑞版本或据正统十年之石刻本,那么这三处异文也即为张楷手稿本《孔子圣迹图》与正统十年石刻本之间的差别。同时,张楷手稿本自序末钤"张楷私印"白文印一枚,为后世其他诸刻本中所无⑨。

关于张楷绘制《孔子圣迹图》的动机,其好友兼同事邓棨在序文中做了详细阐释,即为了"揄扬圣征",显扬圣人孔子的生平之迹。相比于佛家和道家流传广远的本生故事传说,关于描绘孔子的系列事迹的典籍则几乎没有,张楷"有病乎此,故特绘图以彰之,陈辞以赞之,勒石以永之",使天下之人"瞻斯图、诵斯

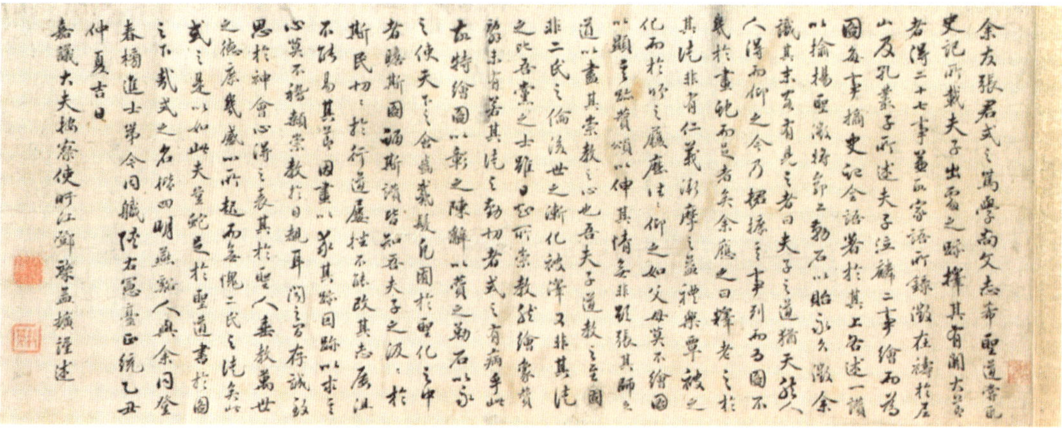

图六　明代邓棨序文

赞，皆知吾夫子之汲汲于斯民，切切于行道，屡挫不能改其志，屡沮不能易其节，因画而求其迹，因迹而求其心，莫不稽颡崇教于目睹耳闻之间，存诚致思于神会心得之表"（图六）。

二、诸家之研究

对于《孔子圣迹图》的著录及版本问题的讨论，直到民国以后随着对版画和连环画的研究才开始被重视起来。对于张楷《孔子圣迹图》之版本相关研究，其中较有影响力的大致有如下几位学者。

首先是鲁迅。19世纪20年代，国内学术界兴起了关于"连环画"的讨论热潮，这其中就涉及到了《孔子圣迹图》。鲁迅认为，《孔子圣迹图》的明代版本在民国时即已为世人所重，多收藏于藏家之手；同时，鲁迅认为《孔子圣迹图》所采用的表现方式与佛教相类似，都是以生平事迹来宣传哲人的思想[10]。

其次是郑振铎。1957年，郑振铎将自己收藏的古代版画书籍整理出版，是为《中国古代版画丛刊》。《中国古代版画丛刊》第一册即收张楷《孔子圣迹图》，这个版本是郑先生在北京的一家古旧书店里购得，他认为此本即明正统九年（1444）刊本[11]。郑振铎先生判断的依据为张楷所作的跋文，此跋文为刻本，实际并不足据。这个看法证之于北京孔庙藏张楷《孔子圣迹图》纸本长卷来看也是如此[12]。由于没有见到过北京孔庙藏张楷《孔子圣迹图》纸本长卷，郑先生便将其《中国古代版画丛刊》所收之正统翻刻本作为诸本之祖："今所见的诸木刻本《圣迹图》，无早于这个本子的了……今所知、所见的，要当以这部正统本《圣迹图》为诸本之祖。"[13] 实际上，郑振铎先生所藏的这幅《孔子圣迹图》除去部分重复内容以外，与明成化年间何廷瑞之版本并无二致。

哈佛燕京图书馆的沈津先生曾作《〈圣迹图〉版本初探》一文，探讨了其所见《孔子圣迹图》明、清及民国诸多刻本，认为"明正统九年本今已不存于世"[14]。

此外，北京大学的李零教授也对正统年张楷《孔子圣迹图》有过论述，其观点与沈津先生相同，认为正统本已经亡佚不存，并认为张楷《孔子圣迹图》原为石刻本："张楷是明代早期人，他的《圣迹图》，原本是石刻本，早佚。"[15] 由北京孔庙藏张楷《孔子圣迹图》纸本长卷可知，正统九年张楷《孔子圣迹图》的最早版本应为此纸质长卷本。

诸多研究者因为种种历史原因，无由得见张楷《孔子圣迹图》祖本长卷，使得对《孔子圣迹图》版本的研究也变得扑朔迷离，相信随着北京孔庙所藏此纸本长卷的披露，《孔子圣迹图》的相关研究将有新的收获。

三、重要价值

张楷《孔子圣迹图》祖本长卷辗转流传至今，已有500多年的历史，是我国现存最早、以反映人物事迹为主、具有完整故事情节的连环图画，具有其他传世诸本无法比拟的历史价值。

张楷《孔子圣迹图》祖本长卷由于其手写性质、孤本性质，决定了其在文物、文献和艺术三个层面都具有不可替代的历史价值。

1．文物价值

张楷《孔子圣迹图》祖本长卷作为后世诸刻之祖本，独一无二，具有珍稀和罕见的文物价值。作为一件珍贵的纸质文物，其收藏流传有序。

首先，此长卷含序跋三篇，作者分别为明代张楷、邓棨及清末大收藏家裴景福（图七），其序跋时间分别为正统九年、正统十年及1922年（壬戌年）。

其次，长卷全幅钤印计10余枚（图八），其中既有姓名、字号印，也有鉴藏印，涉及相关作者及收藏家6人，跨明、清、近代数百年，源流有序。

再次，作为保存较为完好的明代纸质文物，《孔子圣迹图》祖本长卷纸精墨妙，保存完好，朱墨灿然，堪称古代书画、典册中的精品。

2．文献价值

孔子云：“夏礼吾能言之，杞不足征也；殷礼吾能言之，宋不足征也。文献不足故也。足，则吾能征之矣。”[16]文献不足，圣人于考据亦束手无策。明正统九年张楷《孔子圣迹图》的文献价值通过诸家研究的历史即可以略窥一二。

此《孔子圣迹图》祖本长卷即为后世诸木刻、石刻《孔子圣迹图》之祖本，也是张楷的手稿本，其中孔子事迹多寡或有

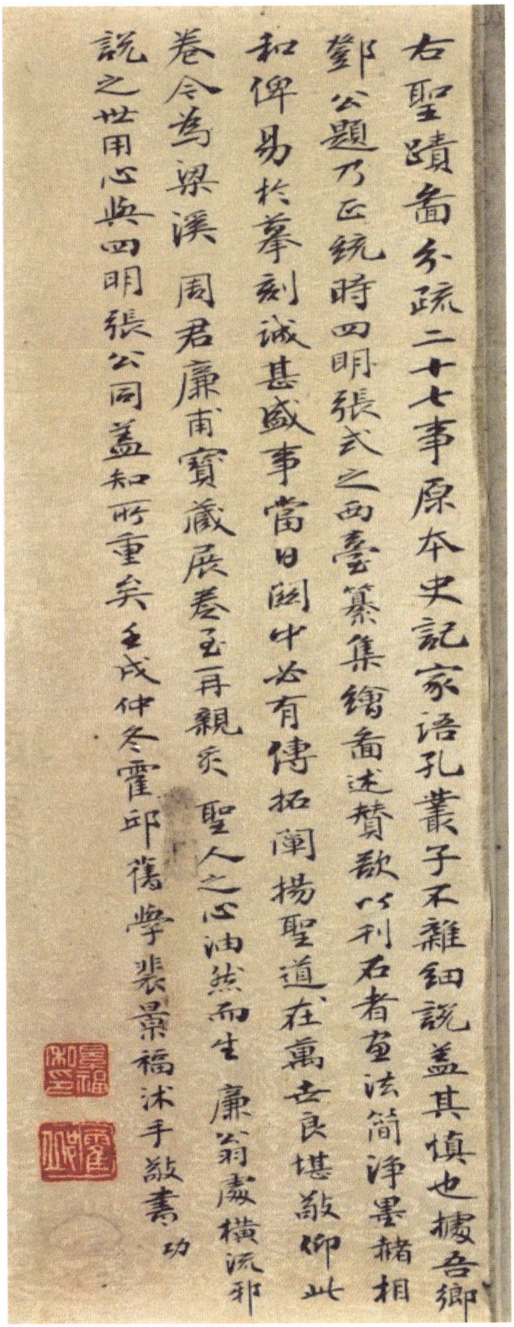

右聖蹟圖分疏二十七事原本史記家語孔叢子不雜細說蓋其慎也據吾鄉鄧公題乃正統時四明張氏之西臺纂集繪圖述贊款以利石者筆法簡淨墨赭相和俾易於摹刻誠甚盛事當日闕中必有傳拓闡揚聖道在萬世良堪敬仰此卷今為梁溪周君康甫寶藏展卷至再親炙聖人之心油然而生康翁處橫流邪說之世用心與四明張公同蓋知所重矣 壬戌仲冬霍邱舊學裴景福沐手敬書

图七　清代大收藏家裴景福跋文

图八　张楷《孔子圣迹图》中所钤印章

损益，然追溯源流，诸本题为张楷的《孔子圣迹图》均以此祖本为据。

北京孔庙藏张楷祖本与后世诸版本相比，其文字说明及四言赞词存在异文多达十余处，可以有效校勘后世诸版本的讹误之处，显示出了其作为手稿祖本的独特文献意义[17]。

后世号称为张楷《孔子圣迹图》者，或有张楷之跋文，或无张跋；或增益他跋，或损益图赞，不一而足。传世之诸本均无"张楷私印"，且有张楷之跋文者，亦皆为正统九年之后改作，惟此祖本长卷印、跋俱全。

《孔子圣迹图》祖本长卷最大的文献价值在于保留了张楷手稿的文献原貌，图赞以外，还保存了三篇重要跋文，均为作跋者亲笔手书，为后世诸本所无。祖本长卷所载之张楷跋文与后世诸本所刻之张楷跋文亦有不同，经校勘，郑振铎《中国古代版画丛刊》本与明成化柯汉本所载相同，为同一文献版本，而祖本长卷中所载之张楷跋文与此二者有异文三处，完整地保留了张楷手书的文献原貌，可谓孤本，其文献价值不言而喻。

3. 艺术价值

《孔子圣迹图》祖本长卷以手稿本形式流传，保存了明代书法和绘画的原生面貌，而其他传世诸本均以刻本传之，故此祖本对于研究明代书画特别是张楷的书画艺术而言，显得弥足珍贵。

诚如清人裴景福（字伯谦）在其跋文中所称，《孔子圣迹图》祖本长卷"画法简净，墨赭相和"，其审美趣味高古简约，不同于传世诸刻本的增饰繁缛之格调。祖本绘画线条柔和圆劲，敷色赭石淡雅自然，作为明代人物绘画的组成部分，值得我们从美术学角度深入研究。

卷末张楷手书跋文，字体为篆书，笔法参和篆、隶二法，具有较高的辨识度，其字体结字在小篆基础上杂合部分大篆、金文写法，如"子""似""无""聘""则""居""四"等，字法皆不同于小篆，以大篆和金文写法为之。

北京孔庙藏张楷《孔子圣迹图》纸本长卷保留了张楷的手稿原貌，在文物、文献、艺术诸端都具有独特价值，为今后儒家思想传播史的研究，特别是《孔子圣迹图》的相关研究提供了独一无二的实物依据。

---

① 《史记》，中华书局，1963年，第1946—1946页。

② 据《千顷堂书目》之著录，元代大德年间孔津编有《圣迹图》，《千顷堂书目》卷三："《孔圣图谱》三卷。元大德年间孔子五十三代孙津刊，一图谱、二年谱、三编年。"元代界画名家王振鹏（号"孤云处士"）亦绘有《圣迹图》，元人袁桷在《题王孤云圣迹图》一文中写道："孤云（王振鹏）适有《圣迹图》十帧。予老矣不及见孤云之盛行，将名噪一时，声施后世耳。"王振鹏的《圣迹图》至少在民国时期还是存在的，鲁迅在其《日记》中有记载："（1912年）五月八日，王孤云《圣迹图》一册。"见《鲁迅日记》（第一册），人民文学出版社，2006年，第37页。

③（明）李贤：《金都御史张公神道碑铭》，《皇明名臣琬琰录》，《明代传记丛刊》（第44册），中国中国台湾明文书局，1991年，第181页。

④（明）杨守陈：《杨文懿公文集》卷七，《四明丛书》（第七集），民国四明张氏约园刊本。

⑤ 史树青：《明何廷瑞编精绘孔子圣迹图序》，《浙东文化》2000年第2期。

⑥ 明人柯汉在《圣迹图跋》中写道："右《圣迹图》，自祷尼山至汉高过鲁修祀，通二十九事，盖前都宪四明张公式之为御史时，取晦庵先生所纂《史记世家》及《家语》《孔丛子》诸书所载夫子出处之大节而为之也。寅长汝南何公廷瑞守衡时偶得刻本……惜其传之不广，且历岁既久，中间人物文画，不无磨灭。乃命画工仿佛而一新之。其图首序事及赞词，一仍其旧。又尝推类考之他书，有可纪而未及纪者九事，相与核实，并增入之，通为一帙……新图皆无赞词，不惟不能作，而亦不敢作，尚有以俟夫吾党之善于形容圣人者。时成化乙巳秋七月望，赐进士第、奉议大夫湖广衡州府同知、潮阳后学柯汉谨志。"

⑦柯汉在其《圣迹图跋》中称，何廷瑞在张楷"通二十九事"的基础上增加了"有可纪而未及纪者九事"，但检之何廷瑞本《孔子圣迹图》，新增图仅8幅，或为柯汉称述之误。

⑧这三处异文为：其一，祖本作"不能不使人而疑之"，何廷瑞版本作"不能无惑，故皆删之"；其二，祖本作"所以尽心记载者至"，何廷瑞版本作"所以尽心记载者至矣"；其三，祖本作"固知萤光袭太阳"，何廷瑞版本作"固知萤爚补太阳"。从三处异文内容来看，前两处属于手稿脱字之误，第三处属于文辞润色之异，较为符合手稿与正式刻本之间的差异。

⑨甘肃省安定区博物馆所藏《孔子圣迹图》残卷中钤盖有"文泽""张楷式之"朱文印两方，但刻工较为拙劣。同时，安定区博物馆所藏《孔子圣迹图》除了有四言赞词的绘图外，还杂入仅有图文而无赞词的内容，与何廷瑞本相类，故可以推断该本实为成化二十一年何廷瑞本的翻刻本。见俄军：《孔子圣迹图》，敦煌文艺出版社，2004年，第38页。

⑩鲁迅在其《"连环图画"辩护》一文论述道："在东方也一样。印度的阿强陀石窟，经英国人摹印了壁画以后，在艺术史上发光了；中国的《孔子圣迹图》，只要是明版的，也早为收藏家所宝重。这两样，一是佛陀的本生，一是孔子的事迹，明明是连环画图，而且是宣传。"见《鲁迅全集》（第六卷），人民文学出版社，2014年，第804页。北京大学李零先生持类似之说："佛教有本生故事，描写释迦牟尼的一生。唐宋以来，儒家排佛，很厉害，但在宣传方式上，却采取佛教的方式。孔子一生，故事最多，比诸子中的任何一位都多，画点连环画，最合适。《圣迹图》就是模仿佛教的本生故事，对孔子的一生做通俗宣传。"见于李零：《去圣乃得真孔子》，三联书店，2008年，第24页。

⑪⑬郑振铎：《中国古代版画丛刊》（一），上海古籍出版社，1988年，第390页。

⑫哈佛燕京图书馆的沈津先生亦认为"郑先生所云有误……郑藏本应是据正统本的翻刻本"，参见沈津：《〈圣迹图〉版本初探》，《孔子研究》2003年第1期。

⑭沈津：《〈圣迹图〉版本初探》，《孔子研究》2003年第1期。

⑮李零：《去圣乃得真孔子》，三联书店，2008年，第25页。

⑯杨伯峻：《论语译注》，中华书局，2006年，第28页。

⑰如在"逍遥于门"一则文字说明中，北京孔庙藏祖本作"十六年壬戌四月己丑，孔子病……后七日而卒，时孔子年七十三。"郑振铎《中国古代版画丛刊》本将"十六年"作"十四年"，据《史记》知孔子于"鲁哀公十六年四月己丑卒"，故知郑本误，而祖本为确。

（作者单位：北京孔庙和国子监博物馆）

首都博物馆藏成化御窑斗彩葡萄纹杯考述

王鸿雁

首都博物馆藏成化御窑斗彩葡萄纹杯，精美玲珑、胎薄釉润、色彩层次丰富、绘图气韵生动，是成化御窑斗彩的代表器物之一。葡萄纹杯出土于清朝权臣家族墓葬之中，烧造于明成化景德镇御窑之内，历史内涵厚重，工艺水平高超，兼具历史文物价值和艺术审美价值，是首都博物馆馆藏文物中的瑰宝。

一、成化御窑斗彩葡萄纹杯的来源

关于成化御窑斗彩葡萄纹杯的来源包括两个问题。

（一）黑舍里氏1号墓与此杯的出土面世

黑舍里氏墓葬群位于北京市海淀区小西天，发掘于1962年7月，共有5座墓葬。最大的1号墓内封藏了大量精美绝伦的随葬品，其中就包括两只成化御窑斗彩葡萄纹杯。

据墓中的《清故淑女黑舍里氏圹志铭》记载，墓主人姓黑舍里氏，法名众圣保，生于康熙戊申（1668）七月十三日，死于甲寅年（1674）十二月二十七日，年仅七岁。其祖父是清朝的开国功臣"皇清光禄大夫辅政大臣一等公文忠索公"索尼，其父亲是人称"索相"的"光禄大夫太子太傅户部尚书保和殿大学士愚庵索公"索额图。墓主的堂姐是康熙帝最喜爱的皇后、太子胤礽的生母孝诚仁皇后。孝诚仁皇后诞育太子胤礽时因难产崩逝，年仅21岁。康熙帝非常思念孝诚仁皇后，故此，对索氏一族是恩宠有加。墓志中提到众圣保自幼聪慧，"咸谓异日必贵而多福也"，也许日后会像堂姐那样承欢帝王，成为后妃。不料她在孝诚仁皇后崩逝后仅几个月忽然急病夭折，索家人的哀痛可想而知，"父母俱痛惜悯悼，不能自己"，为了"择吉壤"妥善安葬，竟然在众圣保死后4个月才将其葬入"德胜门外新阡"①，并为心爱的女儿陪葬了包括成化御窑斗彩葡萄纹杯在内的众多稀世之珍。

（二）景德镇御窑遗址瓷片掩埋坑与此杯的传承

那么，此杯入葬众圣保墓之前是怎样传承的呢？索额图汉化甚深，出任过国史院大学士、保和殿大学士、太子太傅等，非常喜欢搜集古玩，"好古玩，凡汉唐以来，鼎镬盘盂，索相见之，无不立辨真赝，无敢欺者"②。喜好古玩并能立辨真伪，那么索家的这两只杯子是否是他自己搜集得来的呢？考虑到索额图世袭功臣、皇亲国戚的身份，杯子有没有同僚属下敬献得来的可能呢？先让我们来了解一下明代御窑瓷器使用和收藏的管理情况。

无论是文献资料的记载，还是景德镇御窑厂考古发掘报告显示，都可以确定，明朝早期对御窑产品的管理极为严格，绝不允许流往宫廷之外，即使是残次品也要将其打碎掩埋在御器厂内，否则会面临很重的处罚。据记载，宣德时负责瓷器督造的太监张善就因为私自把御窑瓷器分赠给同僚被处死,"内官张善伏诛。善往饶州监造磁器,贪黠酷虐,下人不堪,所造御用器多以分馈其同列"[3]。正统时明令昭告买卖、馈送御窑瓷器的官员一律处死,"命都察院出榜,禁江西瓷器窑场烧造官样青花白地瓷器于各处货卖及馈送官员之家。违者正犯处死,全家谪戍口外"[4]。景德镇明清御窑遗址所在的珠山,就分别发现了明洪武、永乐、宣德、正统、成化、弘治、正德年间的瓷片坑。这种情况持续到隆庆、万历时期才有松动,一是不再采取打碎掩埋的方式处理残次品,而是存贮于库房,登记造册;二是由于官搭民烧等情况的出现也导致了一些官窑瓷器在市面流通。斗彩葡萄纹杯产自成化御窑,正是明初对御窑瓷器管理最为严格的时期,合格的烧成品直接进奉宫廷,残次品就在御窑厂内打碎掩埋,景德镇的考古发掘材料为此提供了确切的证据。1987年,御窑珠山遗址发掘出三个明成化时期的瓷片掩埋坑,坑里出土的千万件瓷片中,发现了御窑斗彩葡萄纹杯的碎片。景德镇御窑遗址博物馆将碎片拼接成完整的杯子,其形制、尺寸、胎釉、纹饰与首都博物馆所藏基本相同,只是绘图和设色上略有瑕疵(图一)。

成化瓷片坑发现的斗彩葡萄纹杯同款残次品碎片,证明成化御窑的确烧制了一批斗彩葡萄纹杯,这些杯子的残次品被砸碎掩埋在景德镇珠山的御窑厂地下,成品则被送进紫禁城供宫廷使用赏玩。那批被送往紫禁城的成品杯,至今未有文献记载可以确定其数量,可知的是,目前这批杯子主要收藏在中国台北故宫博物院。中国台北故宫博物院展出过两只成化款斗彩葡萄纹杯,其釉色、纹饰、底款,与首都博物馆所藏只有细微的差别(图二),连尺寸都相差甚微,比如首都博物馆所藏葡萄纹杯高4.8厘米,口径7.8厘米,底径3.2厘米,中国台北所藏的两只都是高4.7厘

图一 首都博物馆所藏(左)与景德镇御窑遗址博物馆修复的(右)成化御窑斗彩葡萄纹杯对比

图二 首都博物馆所藏(左)与中国台北故宫博物院所藏(右)成化御窑斗彩葡萄纹杯对比

米,其中一只口径7.6厘米,底径3厘米,另一只口径8厘米,底径3.2厘米。抛开误差,基本上只有一两毫米的差别,大致可以判定是同一窑口烧制而成。

杯子的残次品被掩埋,成品专供宫廷使用,因此在明代此杯不存在市面流通的可能,只是在宫廷内部传承。

但是,明末的宫廷经历了大顺政权的乱象,此杯有没有流失到宫外,至今还没有发现第一手的资料可以证明。因此,此杯是索额图自己搜集得来,还是臣僚进献得到,还是得自康熙帝的赏赐,还有待于进一步的探究和证实。

二、成化帝与御窑斗彩葡萄纹杯烧造的社会文化背景

那么,成化御窑斗彩葡萄纹杯到底是在一个怎样的社会文化艺术背景下烧造出来的呢?成化御窑烧造的最高决策者成化帝在其中起了怎样的作用呢?

(一)成化帝自身的文化艺术素养及其带来的艺术盛世

成化帝朱见深是明朝第八任皇帝,是明英宗的儿子。他两岁时遭遇"土木之变",五岁时被废太子,英宗复辟后得以重立。在政治权力顶峰角逐的漩涡里,幼小的朱见深所品尝到的人情冷暖、世态炎凉,远非常人所能比拟,也因此铸就了朱见深敏感与细腻的性格。这些细腻敏感的特质,表现在治国上是内敛的智慧,懂得如何任用贤相名臣,"以守成之君,值重熙之运,垂衣拱手,不动声色,而天下大治"[5];表现在艺术上,则成就了他异于常人的艺术敏感度和洞察力。

成化帝是颇具艺术修养和灵性的,他爱好广泛,对戏曲、词赋等有着浓厚的兴趣:"宪庙好听杂剧及散词,搜罗海内词本殆尽。"[6]"我朝列圣,宣庙、宪庙、孝宗皆善画。"[7]"宪庙工神像,上有御书岁月,用广运之宝。尝写张三丰像,精彩生动,超然霞表。"[8]最典型的,是故宫博物院现藏成化帝17岁时所作《一团和气》图轴。画中三人团抱在一起,共用五官,笔法潇洒灵动,立意精妙高远,有很高的艺术价值。

成化帝不但自己艺术修养颇高,对本朝艺术人才的提拔也是不遗余力。当时的翰林侍讲官程敏政就称颂过:"我宪庙以天纵之资……乃一时供奉之臣,仰副渊衷,多克以材艺自见者。"[9]比如,当时许多著名的宫廷画家都被授予了高品秩的锦衣卫武职官衔:倪端因工山水人物画被授予正二品武职衔锦衣卫都指挥使;殷偕因善画花果翎毛被授予从三品武职衔锦衣卫都指挥同知;周全因擅长画马被授予正四品武职衔锦衣卫都指挥佥事[10];成化帝即位的当月,就升任工匠姚旺为文思院副使[11],成化六年(1470)一次升任工匠杨记等16人为文思院副使[12],成化八年(1472)更是一次性升任工匠张定住等30人为文思院副使[13]。这种提拔和重用,促进了当时艺术水平的进步,使其呈现出一种蓬勃发展的景象,影响到当时文化艺术的方方面面,御窑瓷器的烧造当然也不例外。

(二)成化帝对御窑烧造的重视

事实上,成化帝极为重视御窑瓷器的生产,专门派遣内官到江西景德镇御窑督造瓷器,不仅烧造数量很大,而且不惜耗费巨大的财力,"成化间,遣中官之浮梁景德镇,烧造御用瓷器,最多且久,费不赀"[14]。因为烧造瓷器耗费过大,在当时引起了很大的不满,甚至有些大臣借灾异之变上折请求停止或暂停瓷器烧造,但经常被成化帝搪塞过去。例如,成化十五年(1479),户部官员上书请求暂停江西御窑瓷器烧造,"江西之地,被灾尤甚,所造瓷器宜暂停止",结果被成化帝一口否决,"上批答曰:灾重地方追征粮草、颜料,并停俸。官吏所司即为查照斟酌奏闻。烧造瓷器将完,不必停止"[15]。

成化帝本人深厚的艺术修养、其所营造的社会艺术氛围及他对御窑瓷器烧造

的高度重视，使成化朝在御窑瓷器烧造方面取得了很高的艺术成就。景德镇御窑厂烧造的瓷器数量大、品种多，富有独特的艺术生命力，对后来瓷器的烧造产生了深远影响，达到了中国陶瓷艺术发展的新高峰。成化斗彩便是在这种历史文化背景下问世的，其中就包括首都博物馆所藏的成化御窑斗彩葡萄纹杯！

三、成化御窑斗彩葡萄纹杯的工艺审美

成化斗彩瓷器问世以后备受世人青睐，明万历朝时成化斗彩瓷器就已身价倍增，成化御窑生产的酒杯，市价飙升至价值白银百两，"窑器初贵成化，次则宣德。杯盏之属，初不过数金，顷来京师，成窑酒杯每对至博银百金，为吐舌不能下"[16]。具体到成化御窑斗彩葡萄纹杯来说，其最为珍贵之处，一是呈现了成化斗彩工艺的高超，二是审美的独特与创新。

（一）呈现了成化斗彩工艺的鲜明特征

斗彩工艺最早见于明代宣德五彩器上[17]，至明成化年间日益成熟并达到极盛。斗彩瓷器在烧造中巧妙地结合了釉下青花和釉上五彩两种工艺[18]，它采用"双钩填彩"法，辅以"点彩""染彩""覆彩"等技法：先用青料在坯胎上勾勒出所绘图案的轮廓线，罩釉入窑经1200℃左右高温烧制，出窑后，在釉面上依据轮廓线按图案所需填绘、点染不同的彩色，经800℃左右低温二次烧制成器。其制作工艺复杂，技术要求高，烧制难度非常大。斗彩瓷器的烧成，是我国制瓷工艺史上的重大创新，为后来彩瓷的发展开辟了新的途径。在追求工艺创新的同时，成化斗彩还非常注意在器型、胎釉、设色、纹饰等方面的艺术追求，诚如孙瀛洲先生所称赞："成化瓷器胎质细腻纯白，白釉莹润如脂，彩色柔和，笔法流畅。造型轻灵秀美，表里精致如一"[19]，形成了一套独到的审美艺术和审美智慧。

成化御窑斗彩葡萄纹杯鲜明地呈现了成化斗彩极盛时期独到而敏锐的审美艺术。比如，成化帝本人非常喜欢小巧精致的器物，不仅会对器物的制作提出细腻小巧的要求，而且会因为制作出的器物精致小巧不吝赏赐。成化十七年（1481），他在《敕朝鲜成宗书》中要求，"各样雕刻，象牙等物件，务要加意造作，细腻小巧如法，无得粗糙"[20]；成化二十二年（1486），因为朝鲜韩僴进贡的器物制作精巧，成化帝加赐白银500两，"所进物至为精巧，朝鲜有如此巧匠，可当更赐五百两，如前制造以进"[21]。成化御窑斗彩葡萄纹杯高4.8厘米，口径7.8厘米，底径3.2厘米，体量很小但做工精致，盈手可握，显得非常玲珑可爱，体现了成化斗彩讲究小而精的工艺审美特色。再如，成化御窑斗彩葡萄纹杯胎体使用成化时期特有的"麻仓土"制成，胎体轻薄、质地细腻。胎上所施之釉淬炼纯净，釉色莹润，有着很强的玉质感。整个杯子给人一种轻盈温润的感觉。中国科学院上海硅酸盐研究所曾对宣德、成化瓷器的胎釉做过理化测试，研究发现：成化瓷胎中的氧化铁比宣德瓷胎含量低，三氧化二铝又比宣德瓷胎含量高，故成化瓷胎较宣德火度高，其外观效果也就更为洁白致密。宣德器氧化铁的含量为0.97%，成化器仅为0.82%；宣德器氧化钙（主要是釉灰）的含量为6.79%，成化器则为4.46%。成化器在还原焰下成瓷时，溶于瓷釉中的氧化铁比宣德器含量低，故成化瓷釉比宣德瓷釉更为细腻洁白[22]。胎细釉润，追求视觉上的细腻轻灵、温润如玉，正是成化斗彩工艺审美的又一特色。

（二）独具特色的外壁绘画风格

成化御窑斗彩葡萄纹杯釉下所用青料与同期的成化御窑产品一样，是产于今江西省乐平县的"平等青"，亦称"陂塘青"。由于这种青料中氧化铁（Fe_2O_3）含量较低、氧化锰（MnO_2）含量较高，呈色

柔和、淡雅，所以葡萄纹杯的整体画面是清新淡雅的，但又呈现出一种其他成化御窑瓷器所没有的生动明快的风格。

1. 绘图写意生动。成化御窑斗彩葡萄纹杯绘图摆脱了前朝工整繁缛的图案式绘法，向写实化、生活化发展。但是它又不照搬现实，而是采用成化朝特有的双线勾勒平涂施彩绘法，只分浓淡而无阴阳、无渲染。以简练的笔法、巧妙的布局，提炼了题材中最核心、最具美感的部分，表现其中的意趣。杯子外壁的两组纹饰，有主有次，主纹饰是满架葡萄，间饰竹子，次纹饰是果实藤架，隙地加饰浅草坡石，使画面呈现出一种清新飘逸、气韵灵动的感觉。

2. 色彩丰富明快。杯子的釉上彩料使用了绿、黄、紫彩的不同色阶，显得色彩丰富且层次鲜明。叶面填以绿彩，间之黄彩，来表现叶子初绿与泛黄的不同；枝蔓填以泛绿的黄彩、浅淡棕黄彩，来表现不同的生长状态；葡萄填以浓淡不同的泛灰紫彩，来表现果实不同的成熟程度，但整体是一种熟到透明的视觉效果。值得注意的是，次纹饰果实点、填的色彩如赤铁，据称是成化彩瓷独具的彩料——"姹紫"。对于"姹紫"的形成，目前瓷器界有着不同的看法。孙瀛洲先生认为是烧造时造成的色疵，称为差紫，凡带差紫色的成化斗彩绝为真品。耿宝昌先生认为，姹紫色如赤铁，表面干涩无光，可以作为识别成化斗彩的特殊依据。也有一种说法认为姹紫是因为建福宫大火造成的色彩变化。因此，斗彩葡萄纹杯外壁次纹饰果实所施之彩是否姹紫？其成因究竟是什么？这些问题，还有待于陶瓷界进一步的研究方可定论。

3. 独特的满架葡萄纹饰。满架葡萄纹饰在清代已被视为成化酒杯的典型纹饰之一，如清代程哲在《窑器说》中就提到了成化酒杯的八种特色纹饰，包括美人海棠、折枝花果、仕女秋千、斗龙舟、高士、婴戏、满架葡萄，以及著名的牡丹子母鸡，"成窑酒杯种类甚多，有名高烧银烛照红妆者，一美人持烛照海棠也；锦灰堆者，折枝花果堆四面也；秋千杯者，仕女戏秋千也；龙舟杯者，斗龙舟也；高士杯者，一面画周茂叔爱莲，一面画陶渊明爱菊也；娃娃杯者，五婴儿相戏也；满架葡萄者，画葡萄也……又鸡缸，上画牡丹，下画子母鸡，跃跃欲动"[23]。葡萄纹自元代以来逐渐成为瓷器纹饰的主要元素之一，但是，传世瓷器上的纹饰大部分是折枝或者缠枝葡萄图案，像此杯这样的满架葡萄纹饰，目前仅见于成化一朝。

4. 次纹饰果实之辨。成化御窑斗彩葡萄纹杯外壁上绘制的两组纹饰，主纹饰是葡萄与竹子向无异议，但次纹饰的果实是桑葚还是金铃子，有着不同的说法。金铃子在明代被称作癞葡萄、锦荔枝。"锦荔枝，又名癞葡萄。人家园篱边多种之。苗引藤蔓延，附草木生。茎长七八尺，茎有毛涩。叶似野葡萄叶而花叉多，叶间生细丝蔓。开五瓣黄碗子花。结实如鸡子大，尖（艄）纹皱，状似荔枝而大。生青熟黄，内有红瓤，味甜"[24]。"吾地有名锦荔枝者，外作五色蜂窠之状……闽广人以为至宝……多于京师种摘而自供食"[25]。金铃子属于葫芦科，苦瓜属，是一年生攀援草本植物。它的叶子为深裂叶，果形两头尖，中间粗，呈锥形。桑树是桑科桑属，为落叶乔木。桑叶呈卵形或宽卵形，果形一般为长圆形。葡萄纹杯外壁上的次纹饰，枝干显然是藤蔓而不是乔木或者灌木，叶子是深裂叶而不是卵圆形叶，果实是锥形而不是长圆形（图三、图四），这些都与金铃子的特征更加符合。唯有果实着色是紫红色而非金黄色，此点尚待进一步考证。

成化御窑斗彩葡萄纹杯的工艺审美水平，反映的是成化御窑整体的工艺审美水平，"明看成化、清看雍正"，成化御窑不仅烧制出了斗彩中极负盛名的鸡缸杯、天字罐，以及本文所考述的葡萄纹杯，而且烧制出了大量清新典雅的青花瓷器。清

图三　成化御窑斗彩葡萄纹杯外壁次纹饰与金铃子枝叶、果实对比

图四　成化御窑斗彩葡萄纹杯外壁次纹饰与桑葚的枝叶、果实对比

朝康雍乾三代盛世帝王,乐此不疲地仿造成化瓷器,虽然三朝御窑也烧制出不少仿制精品,但始终不能达到成化瓷器的艺术高度。实事求是地说,清代制瓷的整体工艺水平是高于明代的,无论是烧制工艺还是绘制技法,都比明代有了很大的进步,所以仿制成化瓷器的难处不在工艺水平,而在审美的独特与敏锐。只有独到而充满艺术灵性的审美,才能创造出独一无二的艺术价值。

总之,首都博物馆藏成化御窑斗彩葡萄纹杯出土于黑舍里氏1号墓,本为康熙时的勋贵外戚权臣索额图所有,此杯可能来自成化御窑,此前作为宫廷日用品及收藏品,经历了明成化、弘治、正德、嘉靖、隆庆、万历、泰昌、天启、崇祯九帝的宫廷传承,同款同制的成化御窑斗彩葡萄纹杯还经历了清朝历代的宫廷传承,至今收藏在中国台北故宫博物院。此杯烧造于成化年间,以其所呈现的成化斗彩的高超工艺,以及独具特色的创新纹饰,成为成化御窑产品的代表作之一。成化帝本人及其所开创的艺术盛世,是成化瓷器蓬勃发展的大环境,成化斗彩瓷器正是在这种浓厚的艺术氛围下才得以大放异彩,而成化御窑斗彩葡萄纹杯既是这精彩的组成部分,又是这精彩的传世代表。

①碑文见《清故淑女黑舍里氏圹志铭》墓石,现收藏于首都博物馆。

②(清)昭梿著、何英芳点校:《啸亭杂录》卷10"索、明二相博古"条,中华书局,1980年,第325页。

③《明宣宗实录》卷34,宣德二年十二月癸亥,中国台北"中研院"史语所校印本,第863页。

④《明英宗实录》卷49,正统三年十二月丙寅,

中国台北"中研院"史语所校印本，第946页。

⑤《明宪宗实录》卷293，成化二十三年十二月，中国台北"中研院"史语所校印本，第5428页。

⑥（明）李开先：《闲居集》卷6《张小山小令后序》，中华书局，1959年，第370页。

⑦（明）何良俊：《四友斋丛说》卷29，中华书局，1959年，第267页。

⑧（清）徐沁：《明画录》卷1，《丛书集成初编》，商务印书馆，1936年，第1页。

⑨（明）程敏政：《篁墩文集》卷29《应诏挥毫诗序》，《四库全书》第1252册，第508页。

⑩《明宪宗实录》卷265，成化二十一年闰四月乙酉，中国台北"中研院"史语所校印本，第5304页。

⑪《明宪宗实录》卷2，天顺八年二月庚子，中国台北"中研院"史语所校印本，第53页。

⑫《明宪宗实录》卷84，成化六年十月癸酉，中国台北"中研院"史语所校印本，第1644页。

⑬《明宪宗实录》卷106，成化八年七月丙午，中国台北"中研院"史语所校印本，第2067—2068页。

⑭《明史》卷82《食货志六》，中华书局，2003年，第1999页。

⑮《明宪宗实录》卷195，成化十五年十月戊子，中国台北"中研院"史语所校印本，第3866页。

⑯（明）沈德符：《万历野获编》卷24，中华书局，1980年，第613页。

⑰1985年在西藏地区的萨迦寺发现了宣德御窑青花五彩莲池鸳鸯纹碗，其部分纹饰是在青花轮廓上填绘五彩，已经采用了"斗彩"的技艺。

⑱斗彩之"斗"，取其釉下青花与釉上彩争奇斗艳之意。斗彩工艺出现后，最初并未有独立名目，一直与釉上彩瓷统称五彩。直到清中晚期，大约成书于十八世纪的《南窑笔记》中第一次提到斗彩："成、正、嘉、万俱有斗彩、五彩、填彩三种。先于坯上用青料画花鸟半体，复入彩料，凑其全体，名曰斗彩。"把斗彩解释为"凑"，意指由青花和彩料拼凑出瓷器的整体图案。后有说法把斗彩解释为"逗"，意指瓷器上的色彩互相逗趣。

⑲耿宝昌：《明成化景德镇窑瓷器的赏与鉴》，《紫禁城》2016年第11期。

⑳㉑吴晗辑：《朝鲜李朝实录中的中国史料》，中华书局，1980年，第699页。

㉒景德镇市陶瓷考古研究所、徐氏艺术馆：《成窑遗珍——景德镇珠山出土成化御窑瓷器》，1993年，第31页。

㉓清人程哲《窑器说》记载《成窑鸡缸歌注》："查成窑酒杯种类甚多，有名高烧银烛照红妆者，一美人持烛照海棠也；锦灰堆者，折枝花果堆四面也；秋千杯者，仕女戏秋千也；龙舟杯者，斗龙舟也；高士杯者，一面画周茂叔爱莲。"

㉔明永乐四年（1406）刊行的《救荒本草》，该书曾将苦瓜列为救荒作物之一，并将其称作锦荔枝。

㉕（明）王世懋：《学圃杂疏》，《丛书集成初编》第1355册，中华书局，1985年，第14页。

（作者单位：首都博物馆）

明故武略将军锦衣卫副千户赵公（恭）墓志铭考

李 迪

北京石刻艺术博物馆藏有"明故武略将军锦衣卫副千户赵公墓志"一盒。志盖为篆体（图一），残缺一角，刻有"明故武略将军锦衣卫副千户赵公之墓"，高55厘米，宽55厘米，厚9厘米；志底尺寸同志盖，为楷书（图二），残缺一边。墓志记述了墓主赵恭的家族世系、升迁履历、为人品格、交游朋友等情况，其中提到的三次升迁履历对研究明代锦衣卫的升迁具有一定的意义。

一、墓志录文

明故武畧将軍錦衣衛中所副千戶趙公墓志銘

賜進士第、翰林院編修、華亭顧清譔文。

賜進士第、行人司行人奉勑布告、安南使、賜一品服郡人張廷綱書

賜進士第、觀大理寺政、金陵龍霓篆蓋。

公諱恭，字宗敬，永平遷安人。昭勇將軍金吾右衛指揮使諱榮之少子，明威將軍金吾右衛指揮僉事諱之孫，懷遠將軍錦衣衛指揮同知諱能之弟。生而材健，喜弓馬。成化初，以舍人從武靖侯趙輔征嶺南，策功特授所鎮撫。三年征貴州，十五年征建州，公皆在行，累賜奇功銀牌、綵幣，由鎮撫陞百戶。十七年，以捕盜功陞副千戶，皆在錦衣衛。日親侍上左右，每郊祀，則率其屬典旌節以從，出則奉使闗陝、山東西、直隸等處，所至有聲績。以老乞致仕，詔許之。又一年乃卒，弘治丙辰三月十九日也，距其生宣德辛亥十一月二十三日，凡年六十有六。公為人介直，輕財利，好施予，與人必以誠，居家孝弟。兄錦衣公嚴毅莊重有禮法，公事之如父，廣筵燕坐，侍立終日，無敢怠人。兩賢之外孫謝裕，三歲失父母，公育而教之，為娶婦置產，至襲其父官有成立乃已。其篤于慈愛又如此。平生所交多聞人，若學士西涯李公有世好，少司徒荆湖劉公、大司成天台謝公、廷尉河間馬公、四明王公，皆寘主其家。公疾病，諸公問遺旁午，其卒也，多臨哭焉。士亦以是重公。配劉氏，封宜人，大興左衛百戶全之女，生子晉，令廕為錦衣衛旌節司百戶。女一，適錦衣左所副千戶謝亮，裕其出

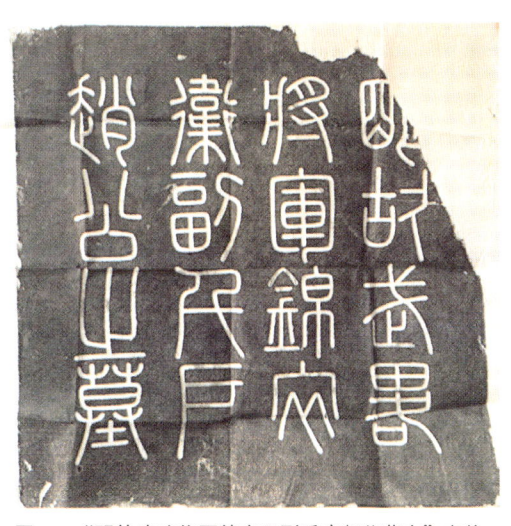

图一　"明故武略将军锦衣卫副千户赵公墓志"志盖

图二 "明故武略将军锦衣卫副千户赵公墓志"志文

也。侧室袁氏,子一人,曰晋,女一,在室,孙男一,永隆,女一,晋等。以是岁闰三月十三日葬都城外北望村祖茔之次,以予比主,其家持状乞铭。惟赵氏为北州著姓,春秋而下代有名人,至于公远矣。公虽世贵,能以材自奋起行中至将领,有名声,不忝其先,殁有以廕其後人,可不谓贤乎。贤而葬,法宜铭。铭曰:维马服裔,代雄朔边,翁孙则平,幽晋蝉联。文经武纬,史不绝编。卓彼武署,将门之绪。奋身戎行,以长禁旅。天子是毗,爪牙心膂。既老而休,嗣子入卫。维年不留,匪禄弗逮。刻铭于丘,以示永世。

二、撰文、篆盖、书丹者

撰文者顾清,字士廉,号东江,松江府华亭人(今属上海市),弘治五年(1492)乡试第一,次年成进士,改庶吉士,授编修[①]。著有《东江家藏集》四十二卷,明正德《松江府志》三十二卷,均在《四库全书总目》里有著录。

书丹者张廷纲,字朝振,永平卫人。弘治七年(1494),滦州知州吴杰升任永平府知府,弘治十三年(1500)吴杰聘请致仕行人司行人张廷纲、滦州学正吴祺组织编修《永平府志》,《永平府志》十一卷为张廷纲所著[2]。

篆盖者金陵龙霓，字致仁，江西宜春人。弘治五年（1492）中举，弘治九年（1496）中进士，曾任刑部员外郎，后或因代考而受到非议，在浙江按察佥事任上辞官。龙霓罢官后，入苕溪，与孙一元、刘麟、陆昆、吴玖合称为"苕溪五隐"[3]。

三、家族世系与生平

墓主赵恭，字宗敬，永平迁安人。生于宣德辛亥（1431）十一月二十三日，卒于弘治丙辰（1496）三月十九日，享年66岁。其祖，金吾右卫指挥佥事；其父赵荣，金吾右卫指挥使，麓川之役中阵亡，由赵恭兄赵能代职；其兄赵能，世袭为金吾卫指挥佥事，天顺八年（1464）二月调到锦衣卫，成化十三年（1477）五月由锦衣卫佥事升为锦衣卫指挥同知，同年十一月卒，子赵鲁袭为锦衣卫指挥佥事；其妻刘氏，大兴左卫百户刘全之女；子赵晋，袭为锦衣卫旌节司百户；女嫁左卫副千户谢亮，生子谢裕，谢裕三岁失父母，赵恭育而养之，直至继承谢亮的官职；其妾袁氏，生一子一女，子名赵时，孙男孙女各一，孙男名为永隆。

从墓志可以看出，赵恭生于武官之家，兄弟侄孙均任职锦衣卫。锦衣卫是皇帝身边的亲军，洪武十五年（1382）由仪鸾司改置而来。锦衣卫全称"锦衣亲军都指挥使司"，秩从三品。其属有御椅、扇手、擎盖、旛幢、斧钺、銮舆、驯马七司，秩皆正六品[4]。主要负责皇帝的出入仪仗、缉捕盗贼、刑狱、监察等工作[5]。从墓志中可以看出赵恭属旌节司，每当城外设坛祭祀时，赵恭都会带领自己的部下亲侍皇帝左右。

赵恭身材魁梧，喜爱骑射。成化初，以舍人身份跟随武靖侯赵辅征岭南，因策功特授所镇抚。成化三年（1467）南征贵州，成化十五年（1479）北征建州，赵恭均在战事中立功，受赏银牌、綵币，官职由镇抚升为百户。成化十七年（1481）因捕盗有功升为副千户。他还奉诏出使过陕西、山东、山西等地，并取得一定的声绩。

墓志载赵恭"平生所交多闻人"，这些人中最有名望的应属西涯李公李东阳。李东阳，祖籍湖广长沙府茶陵，因家族世代为行伍出身，入京师戍守，属金吾左卫籍。李东阳八岁时以神童入顺天府学，天顺六年（1462）中举，天顺八年（1464）举二甲进士第一，授庶吉士，官编修，累迁侍讲学士，充东宫讲官，弘治八年（1495）以礼部右侍郎、侍读学士入值文渊阁，预机务。立朝五十年，柄国十八载，清节不渝。官至特进、光禄大夫、左柱国、少师兼太子太师、吏部尚书、华盖殿大学士。死后赠太师，谥文正[6]。因李东阳与赵恭两家为世交，所以两人自然亲近，而墓志中所提到的"少司徒荆湖刘公、大司成天台谢公、廷尉河间马公、四明王公"等人，因没有名号，就无法考详了。但从"皆尝主其家"可以看出，这些人来京仕宦无住所时曾寄住在赵恭家，由此可见赵恭的待人热情真诚。

赵恭墓志是1993年前后在东北旺东馨园小区建锅炉房时发现的。根据墓志所载"葬都城外北望村祖茔之次"，可以断定东馨园小区所处位置就是志中所提"北望村祖茔之次"的原址。据传，东北旺地区曾有赵氏家族墓，墓坐西朝东，以百望山为靠山，"赵能谕祭碑"也在此地。后经时代变迁，赵氏家族墓已无踪影。2011年，在东北旺中路北侧的一个工地里发现了"赵能谕祭碑"，可惜的是在立碑一个月的时间碑就被盗了，直至今日也无音讯。

四、锦衣卫的升迁

明代的卫所统一编制，每十人为一小旗，五个小旗为一总旗，二个总旗为百户,十个百户为千户,一个卫所有五千户。官职有世官,有流官。世官九等,指挥使一人(正三品),同知二人(从三品),佥事四人(正四品),卫镇抚二人(从五品),正千户一人(正五品),副千户二人(从五品),百户(正六品),所镇抚、试百户(从六品)。皆有袭职,有替职。其幼也,有优给。其不得世也,有减革,有通革。流官八等,左右都督,都督同知,都督佥事,都指挥使,都指挥同知,都指挥佥事,正留守,副留守[7]。

锦衣卫的升授制度,《明史》中记录很详细:"以世官升授,或由武举用之,皆不得世。即有世者,出特恩。非真授者曰署职,署职,递加本职一级作半级,不支俸,非军功,毋得实授。曰试职,试职作一级,支半俸,不给诰。曰纳职,纳职带俸,不莅事。战功二等:奇功为上,头功次之。首功四等:迤北为大,辽东次之,西番、苗蛮又次之,内地反寇又次之。凡比试,有旧官,洪武三十一年以前为旧。有新官,成祖以后为新。军政,五年一考选,先期抚、按官上功过状,覆核而去留之。五府、锦衣卫堂上各总兵官,皆自陈,取上裁。推举上二人,都指挥以下上一人。凡土司之官九级,自从三品至从七品,皆无岁禄。其子弟、族属、妻女、若婿及甥之袭替,胥从其俗。附塞之官,自都督至镇抚,凡十四等,皆以诰敕辨其伪冒。赠官死于王事,加二等;死于战阵,加三等。凡除授出自中旨者,必覆奏然后行之。以贴黄征图状,以初绩征诰敕,以效功课将领,以比试练卒徒,以优养恩故绝,以褒恤励死战,以寄禄驭恩幸,以杀降、失陷、避敌、激叛之法肃军机,以典刑、败伦、行劫、退阵之科断世禄。"[8]由此可见升迁的途径分为军功和非军功两大类,以下结合墓志和部分锦衣卫升迁资料,大致涵盖了明代锦衣卫的升迁途径。

(一)军功

履立军功是升迁的最快途径,但军功也分大小,对子孙的承袭也有重要影响,主要包括战功、擒贼捕盗功、阵亡功、守城功、冲锋功等。

1.战功

墓志中提到赵恭三次升迁,其中两次升迁是因为参加了重大的军事活动而获得。

第一次是成化元年(1465)征岭南。"成化元年春正月甲子,都督同知赵辅为征夷将军,充总兵官,佥都御史韩雍赞理军务,讨广西叛瑶"。成化二年(1466)还师[9]。赵恭因献策有功被授所镇抚。

第二次是成化三年征贵州。[10]"成化三年二月丁巳,湖广总兵官李震讨破靖州苗"。[11]此即历史所记载的靖州苗乱,靖州在湘、黔、桂三省交界地带,是明代商业重镇。元明以来,贵州是苗民的主要聚居地,随着中央王朝对此地的开发,实行改土归流的政策,苗民叛乱不止,是明代西南地区的一个主要矛盾。成化初年的靖州苗乱,就是当地苗民与汉民的一次联合起义。

第三次是成化十五年(1479)征建州。建州是永乐年间在女真聚居地设置的军事组织,后分为建州三卫,至明末努尔哈赤统一建州三卫,最终入关灭明[12]。"成化十五年十月,命娎出兵夹击建州女真……十六年春,陪臣来献捷"。娎即朝鲜国王成宗李娎(1469年至1494年在位),朝鲜当时是受明朝册封的藩属国,因此受命与明军一起夹击女真。赵恭在贵州、建州两次战役中,职位升至百户。

2.擒贼捕盗功

成化十七年赵恭因捕盗有功升为副千户。据《明实录》记载,赵恭的外孙谢裕也是因捕盗功而升迁。"升锦衣卫都指挥同知叶广及正千户王瓛等十六人,各一级,冠带署。总旗王纯等六人,各署一级。锦衣卫都指挥同知赵鉴及副千户谢裕等二十一人,各一级。广、鉴皆以缉捕功援例乞升,故有是命"[13]。

3.阵亡功

是对战死沙场或防御敌人而阵亡的武官给予其子孙袭升的一种嘉奖，"凡官军阵前当先殁后、斩将、斩贼首等项，立有奇功，后又阵亡者。子孙袭升三级，仍立祠、加祭、荫子；若止是冲锋阵亡，升前不曾立有奇功袭升二级；如不系冲锋，止照阵亡例袭升一级"[14]。

"乙亥，升锦衣卫带俸鞑官都指挥同知塔那帖木儿为都指挥使，以其父尝征麓川阵亡故也"[15]。

(二) 非军功

非军功的升迁方式更为丰富，但一般只限一辈，不准承袭。有武举、纳级、通译、调升、年深、推升、并枪、恩荫、首告、奏讨、乞恩等。

1.武举

成化十四年（1478），太监王直建议，以文科为例，设武科乡、会试。弘治六年（1493），定武科六年一试，先策略，后弓马，策不中者不准试弓马。后又改为三年一试。《大明会典》中记载："凡武举中式官生，嘉靖元年题准，升署职二级，第一名若系百户以上官，照例加升。百户以下，定授副千户职衔，以示崇异。其第二名以下，总旗授署副千户，小旗署百户。舍余军民，署所镇抚。"[16]

《明实录》中有因中武举而升迁的记载："掌锦衣卫事、太保兼少傅左都督陆炳卒，炳浙江平湖人……炳，松之子也，中武举会试授副千户积功至指挥佥事。"[17]

2.纳级

指通过纳粟或纳银而得到升迁，《明实录》中记载纳级都是明码标价的。"授锦衣卫舍余，小旗，校尉，军匠，愿纳冠带总旗者，银三百两，纳署百户者一千两，署副千户者千五百两，署正千户者千九百两，署指挥佥事者三千三百两，总旗愿纳署百户者银八百两，署副千户者银千二百两，署正千户者一千七百两，署指挥佥事者二千二百两，百户并所镇抚愿纳署副千户者银七百两，署正千户者九百两，署指挥佥事一千八百两，副千户愿纳署指挥佥事者银一千三百两，正千户愿纳署指挥佥事者银一千二百两"[18]。

"准纳级都指挥同知白垹，注锦衣卫垹，故刑部尚书昂之子，冒功升世袭副千户，复纳级至指挥同知，至是以父昂有剿贼功，乞加录荫并注锦衣卫，内批特许之不为例"[19]。

3.通译功

因明代锦衣卫会参与外事活动，所以精通外语也会获得职位的升迁。

"升通事锦衣卫正千户王英为指挥佥事，初，英自陈尝随武靖伯赵辅征建州，抚宁侯朱永征延绥。有通译功升百户，后以传奉升正千户"[20]。

"升锦衣卫指挥佥事徐晟为本卫指挥同知，鸿胪寺左少卿哈的为指挥佥事。晟，鞑靼人，初名七十五。哈的，回回人，二人自永乐初以翻译外夷文字召用，后凡西北二房及南夷之事，二人悉与闻之，晟颇机警，哈的诚确屡见收用。至是以其更事久故复升之。虏人察罕帖木儿保保自瓦剌来归，命为所镇抚，赐冠带，仍命礼部如例赏赉"[21]。

此外，军功的守城功、冲锋功等，非军功的调升、年深、推升、并枪、恩荫、首告、奏讨、艺匠等升迁在文献中也都有记载，在此就不一一举例了。

---

① 《明史》卷一百八十四《顾清传》，中华书局，1974年，第4888页。

② 《永平府志》，董耀会主编：《秦皇岛历代志书校注》，中国审计出版社，2001年，第12页。

③ 《明史》卷二百九十八《隐逸传》，中华书局，1974年，第7629页。

④ 《明太祖实录》卷一百四十四，中国台湾"中央研究院"历史语言研究所校勘本，1966年，第2266页。

⑤ 《明史》卷七十六《职官五》，中华书局，1974年，第1862页。

⑥《明史》卷一百八十一《李东阳传》，中华书局，1974年，第4820页。

⑦《明史》卷七十二《职官一》，中华书局，1974年，第1751页。

⑧《明史》卷七十二《职官一》，中华书局，1974年，第1752页。

⑨《明史》卷十三《宪宗本纪》，中华书局，1974年，第162页。

⑩《明史》卷十三《宪宗本纪》，中华书局，1974年，第164页。

⑪《明史》卷一百六十六《李震传》，中华书局，1974年，第4489页。

⑫《明史》卷三百二十《朝鲜列传》，中华书局，1974年，第8279页。

⑬《明武宗实录》卷九，中国台湾"中央研究院"历史语言研究所校勘本，1966年，第296页。

⑭（明）李东阳：《大明会典》卷一百二十三《功次》，江苏广陵古籍刻印社，1989年，第1768页。

⑮《明英宗实录》卷二百九十八，中国台湾"中央研究院"历史语言研究所校勘本，1966年，第6340页。

⑯（明）李东阳：《大明会典》卷一百一十八《升除》，江苏广陵古籍刻印社，1989年，第1708页。

⑰《明世宗实录》卷四百九十一，中国台湾"中央研究院"历史语言研究所校勘本，1966年，第8168页。

⑱《明世宗实录》卷三百六十七，中国台湾"中央研究院"历史语言研究所校勘本，1966年，第6570页。

⑲《明武宗实录》卷一百，中国台湾"中央研究院"历史语言研究所校勘本，1966年，第2073页。

⑳《明宪宗实录》卷二百四十七，中国台湾"中央研究院"历史语言研究所校勘本，1966年，第4179页。

㉑《明仁宗实录》卷三，中国台湾"中央研究院"历史语言研究所校勘本，1966年，第121页。

（作者单位：北京石刻艺术博物馆）

浅析清代宁夏栽绒地毯的工艺特色及时代特征

白 兰

中国栽绒毯问世于西北地区，因其毯面羊毛起绒部分直立、宛若栽植而得名。它最初是当地人们御寒用物与卧具，到唐宋时期已成为宫室、寺院与家居的装饰物，元明时期，已是宫廷必备之物。降至清代，皇家大量使用栽绒毯，这在客观上促进了毯子的织造，当时宁夏、甘肃、内蒙古、西藏、新疆等地区的游牧民族，以当地传统工艺手工编织着各种栽绒毯，其中宁夏编织的羊毛栽绒，自清初就受到皇室的青睐。故宫博物院收藏有几十件清代宁夏栽绒毯，编织物有大有小，品种有地毯、炕毯、靠背毯、桌毯、挂毯、禅毯、脚踏毯、抱柱毯、马鞍毯、廊毯、门帘毯等，其中一些毯子依其时代、用料、图案、用色、编织技巧及品相，可视为不可多得的编织物，如"白地云龙火珠纹栽绒地毯""米色地蓝万字边勾莲纹栽绒地毯""米色地菊花边双狮戏球纹栽绒地毯""木红地锦花纹栽绒地毯"等。

清代宁夏民间的编织物与为宫廷织造地毯基地的产品，可谓各有千秋。总体而言，宁夏栽绒地毯用料上乘、编织技艺精湛、用色丰富、花纹瑰丽、毯面起绒长、毯背厚实、耐磨、踩踏舒适，堪称是中国栽绒地毯中的一枝奇葩。

一、宁夏栽绒地毯的工艺

宁夏栽绒毯的工艺，包括选料、染色、编织三大要素。

宁夏毯所用羊毛为贺兰山西北的阿拉善高原牧羊区养的蒙古种绵羊的羊毛，这种毛也称之为滩羊毛，毛色清白、含绒量高、纤维细长、富有弹性、光泽度强。

宁夏毯选用的彩色毛线颜色丰富，主要有木红、珊瑚红、大红、绛红、粉红、浅粉、深蓝、浅蓝、月白、湖蓝、姜黄、土黄、香色、浅黄、米色、绿、湖绿、深驼、浅驼、棕、烟色、雪青、黑等，另外还有一种与众不同的合色线，即将两种不同颜色的毛纱合捻成一股花线。多达二十余种颜色是提取植物的花、叶、根的色素，再加适量的媒染剂染本色羊毛而成。如苏木染木红色，黄木、荥英、栀子、郁金、槐子染黄色，茜草染红色，椀子、红木染驼色，靛草染成蓝色等。染色中，毯匠们会根据水量、火候及欲染毛线数量多少，即使在投入一种染料的情况下，也会获得同一色系中的不同颜色，如以靛草染蓝色，可得到深蓝、浅蓝、月白；以栀子花染黄色，可得到深黄、浅黄等。染色中有些原料初染成的颜色，再加入其他的一二种染料，又能得到新一种颜色。

宁夏栽绒地毯的编织，传承着中国传统的栽绒技术。毯子编织是"挂经织纬"，栽绒结方法是在前后经线呈开口平行状态的情况下拴栽绒结（俗称拴头），即用毛纱从前经的左下方往右上方绕一圈，然后使毛纱头继续从后经的右侧穿过，从左侧返回前方与另一组毛纱并行从前经左侧并伸于毯基之外，以这样的方法打的栽绒结形若"倒八字",也是俗称的"八字扣",并在不变绞的情况下过粗纬线,然后向下绞,使原来的后批经线提到原来的前批经线的前面,呈交叉状态,再从绞点上过细纬,将拴的栽绒扣牢牢锁住,之后匠人再根据毯面所需绒长将其砍断。用这种织法而成的毯子称为抽绞地毯,其最大特征是毯背有明显的过纬线与栽绒道。

"人"字纹的边经是宁夏栽绒地毯特有的边经形式。边经系指栽绒毯纵向的毯边。为有效保证临近的栽绒结免于脱落,毯子预先多留出2根经线,每拴一行栽绒头到达边经时纬线要沿着经线横向盘绕,如此反复,从而在边经处形成"人"字纹的毯边。

二、栽绒地毯的花纹与寓意

栽绒地毯的精美花纹与吉祥的寓意,不仅是毯子艺术性的表现,也是中国传统文化、时代生活变迁及人文观念的载体。

宁夏栽绒地毯的花纹是通过毯边与毯子大地上的图案表现的,其中毯子大地内的纹样为主要花纹。整毯纹样选材极为丰富,分为花果、动物、器物、几何纹、建筑等几大类。每一类又包含数种纹样,花果类有莲花、牡丹、梅、兰、竹、菊、香草芳、康乃馨、蕉叶、石榴、桃、佛手、西瓜、葡萄等;动物类有龙、凤、虎、鹤、鹿、蝴蝶、蝙蝠、狮子等;器物类有博古、杂宝、盆景、宝珠、暗八仙、杵、瓶、罐、珊瑚、琴、棋、书、画、杯、盘、鼎、爵、尊、觚、如意、瓶等;文字类有寿、"卍"、团寿字、长寿字;几何纹有菱形、方形、龟背纹、圆形、回纹等;建筑类有海水江崖等。这些不同的花纹呈现,与当时人们的生活情趣、审美观念、宗教活动、民俗风气及当朝稳固的诸多因素息息相关。在花纹表现中并非用单一的图形进行装饰,而是采取多类别的花纹,通过谐音、寓意、象形、比拟等表现手法巧妙组合,充分地体现出清代"图必有意、意必吉祥"的构图特点。

1. 云龙火珠纹

毯子在白色地上编织四龙戏火珠,四角隅饰云纹,空余部位以杂宝、云纹作间饰(图一)。这件地毯是清初宁夏为皇家定织的,纹饰中的龙象征着皇权,火珠是龙修炼的精气所在,云是龙的雨乘,可助龙翻云覆水,滋润大地,寓意着"皇权一统""江山永固""国强民富"。

2. 草龙纹

草龙是传说中没有角的龙,在古老文化中代表神武、力量、权势、王者风范,极为善变,能驱邪避灾,赋予了它超凡的能力(图二),寓意"美好吉祥"。

图一 云龙火珠纹

3. 百鸟朝凤纹

毯中湖石旁盛开着牡丹，有数只蝴蝶舞动，湖石上站一只端庄洁美的凤鸟，周围的鹤、喜鹊、孔雀等多种鸟构成百鸟朝凤图（图三），以此借喻君主圣明而天下依附，寓意"和谐吉祥"。

4. 鹤鹿纹

是康熙朝盛行的装饰纹样，即"鹤鹿同春"的含义（图四）。鹤在人们心目中是祥瑞之鸟，《淮南子·说林训》云："鹤寿千岁"，唐代诗人王建在《闲说》中也有"桃花百叶不成春，鹤寿千年也未神"的诗句。鹿亦为长寿仙兽，《抱朴子》云：鹿"寿千岁，寿满五百岁者，其毛色白"。此两种瑞兽组合在一起，寓意"长寿万年"。

5. 龟背纹

是古代几何纹样的一种，以六角形为基本单位，连缀起来的四方连续纹样极富装饰性（图五），所以历朝多用此纹样在器物、墙壁、织物甚至家具中。又因龟背纹的"龟"与"贵"谐音，是富贵的象征。值得注意的是，毯中的龟背纹间饰着"卍"字纹，两者组合寓意"富贵绵长"。

6. 花蝶纹

纹饰中绘有梅、兰、竹、菊、松、佛手、石榴、灵芝、蝴蝶（图六），其中"梅、兰、竹、菊"被誉为"四君子"，它们玉骨冰肌之姿质，非凡花可比；佛手、灵芝代表着福寿；石榴开百子，是多子的象征；蝴蝶在花果纹中飞舞，形象轻盈，被人视为美好吉祥的象征。整幅纹饰寓意"清雅高洁""福寿万年""子嗣昌盛"。

7. 博古纹

纹饰中绘有琴、棋、书、画、磬、爵、鼎、炉、茶壶、茶碗、如意、芭蕉叶，还有花篮牡丹、瓶插梅、兰、瓶插萱草、盆插康乃馨、佛手、石榴、西瓜、葡

图二　草龙纹

图三　百鸟朝凤纹

萄、南瓜等（图七），凡盆插花均有湖石。其中琴、棋、书、画象征文人雅士高尚的情操和唯美的人格；芭蕉、太湖石是文人赏玩的对象，和爵、鼎、炉一起构成文人的风雅生活；石榴、葡萄、西瓜、南瓜均为多籽果蔬，已成为一种单纯祝福

· 55 ·

文物研究

图四 鹤鹿纹

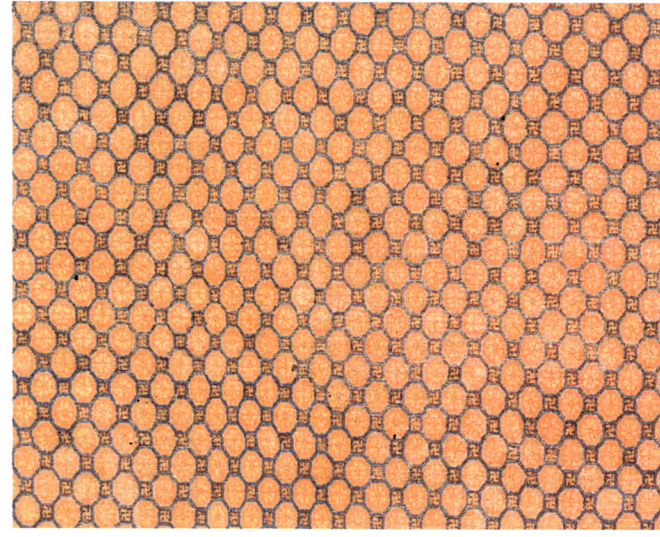

图五 龟背纹

"多子"的吉祥纹样；如意纹，表达人们事事如意的祝愿；佛手纹，因"佛"与"福"音似，故古代多以佛手象征多福；牡丹是富贵的象征；康乃馨、萱草以其花形俏美象征着子女为母亲祝福。纹饰图案丰富，寓意"高洁清雅""福寿如意""子嗣昌盛""生活幸福""富贵美满"。

8. 缠枝莲花与牡丹纹

牡丹象征着富贵，莲花的"莲"与"连"字谐音，借喻缠枝不断、固有连连之意，与牡丹组合，寓意"富贵连连"。

9. "卍"字纹、回纹、连珠纹

此三种纹样常用于毯边的装饰或作为毯中的辅助纹饰。据考古发现，马家窑文化彩陶纹饰中就有"卍"形纹，随着佛教的传入，"卍"形作为佛教的标志，代表"万德吉祥"。有时"卍"字纹形的四端向外延伸无头无尾，表示万福万寿不断头，寓意"绵长不断"。回纹由陶器和青铜器上的雷纹衍化而来，寓意吉利深长，民间称之为"绵延不断""富贵不断头"，与"卍"字的寓意相近。连珠纹最先在西域考古文物中出现，是人们对太阳和光明崇拜的一种艺术再现。此纹传入中原后，寓意"和谐圆满"。此三种虽然是辅助纹饰，但可将毯子的主花纹寓意进一步升华，极富艺术感染力。

综上，宁夏地毯的装饰纹样，在汲取传统纹样的同时也不断创新，并通过各种纹样将吉祥美好表现得淋漓尽致，为皇家宫殿与时人居室增添了浓烈的艺术气息。

三、栽绒地毯的时代特征

清代宁夏栽绒毛毯的织造，受社会经济、政治、文化交往、宗教活动及当地人民的生活习俗等诸多因素的制约，所以不同时期的编织物都留下了时代的印记。

1. 用料与编织工艺的变化

按现存于世的宁夏栽绒地毯而论，清早期、中期，选宁夏优质滩羊毛的毛线，其含绒量高、纤维长、手感蓬松、反弹性强，成品毯子表面富有光泽，较之其他地区的羊毛栽绒毯的质量略胜一筹。清晚期编织的毯子的取料不甚讲究，致使宁夏的一些栽绒毯失去了往日的风采。

宁夏栽绒毛毯编织，清初，手工纺毛线、棉线，其毛纱、棉线用力不甚均

浅析清代宁夏栽绒地毯的工艺特色及时代特征

图六 花蝶纹

图七 博古纹

2. 花纹与用色的变化

毯子花纹主要是指毯边与毯子大地上的纹饰。从现有实物上看，清早期，毯边多饰三道花纹与多边花纹。就三道毯边而言，常饰"卍"字纹、回纹，或两种纹饰同时出现，这是因为康熙朝有"富贵不断""江山万代""历元五福"诸名目的原因；而多道边饰，如一毯上设计四或五道，看上去较为繁琐。另外，毯边多道纹中的卷草纹呈未展开状，为闭合草，这是典型的明代花纹造型。清中期，地毯边饰逐渐定型为三道边，相当一部分地毯的边饰为素色边两道、饰花纹一道，有一种简约之美。清晚期，毯边设计以三道边为时尚，不同的是，以素色边为一道、饰花纹边两道为多。

毯子大地内的纹样，清初，常见有几何纹辅之"卍"字、回纹，龙戏珠辅之云纹，草龙辅之"卍"字纹、回纹，四合如意云辅之梅花锦纹，缠枝莲花与牡丹辅之"卍"字或蝙蝠纹等。其中龙戏珠纹饰中的龙爪呈波轮状，这也是典型的明代龙纹风格，可见清初一些栽绒毯的纹样装饰会保留有明代的风格。换言之，清代宁夏栽绒地毯花纹中凡留有明代遗风的，必是清初的毯子。清中期，地毯图案逐渐丰富，清初常见的龙戏珠纹、草龙纹、夔龙纹已绝少出现，但博古图、盆景图、清供图、百鸟朝凤图、云鹤纹、蝶恋花、缠枝宝相花、四君子纹、瓶插牡丹纹、狮子滚绣球、圆寿字、长寿字等，不一而足。有些图中又含有诸多的纹样，如博古图内含有芭蕉叶、湖石、觚、鼎、瓶、尊、书、画等题材。这些纹样少了庄重与等级界限，多了一些世俗，增多了文人雅趣，更贴近百姓生活。清晚期，毯子纹样基本上保留了清中期的题材，但在构图中更为随意，讲究精美的花纹日渐不多。

匀，致使线段粗细不均，有时还用毛纱为纬线，所以编织的毯子栽绒结疏松、过纬道数略少。以30.5厘米的长度计算，起绒道数常在30余道，个别毯子多达70道；清中期，毛纱的纺制、棉线的捻制趋于精细，基本上以棉线为纬线，编织毯子的起绒部分较为细密，使得过纬线的道数有所增多，30.5厘米内起绒道数约50道左右，个别毯子可到70～80道；至清晚期，随着机器纺毛纱、棉线的兴起，一些地区有所收益，编织的毯子栽绒道数明显地增加，30.5厘米内起绒道数细密的毯子常见90道左右。

· 57 ·

栽绒毯的用色，如前文染色中谈及的二十余种。清初，以浅色为地色、衬托着深色的花纹，如白色为地色，衬托着铁锈红、绿、杏黄、深蓝、蓝、月白色；以黄色为地色，衬托着深蓝、月白色；以米色为地色、衬托着深蓝、浅蓝、湖绿、湖蓝、杏黄色。如此配色，使图案清晰雅丽而又不失华贵，可以说清初用色渲染得地毯纹样古朴、清丽。清中期，在地色上大胆地选用不同的红色，以红色为地色，衬托着深蓝、月白、白、香色、杏黄、浅黄色；以木红为地色，衬托着蓝、白、黄色；珊瑚红为地色，衬托着深蓝、浅蓝、月白、姜黄、土黄、白色。毯子以红色为地色，渲染得花纹富丽华贵，这种地色的毯子在清初为数不多。清中期也讲究晕色法，如海水纹以深蓝、浅蓝配白色，增加了纹样的柔和色彩。可见这一时期图案繁多，用色丰富，清新素雅与富丽堂皇并存，更接近时人的审美情趣。清晚期，从现存实物上看，地毯数量甚少，用色依然有着清中期的特点，但花纹设计大不如前，色彩也逊色了许多。

四、结语

宁夏栽绒地毯，清初当属其辉煌时期。选料、用色、图案与编织技术有机结合，成品多为精品，其重要原因是宁夏在为宫廷织造地毯时，其尺寸、颜色、纹样等均由宫廷规定，如此地毯为上乘之作。受其影响，清中期宁夏织造的栽绒地毯有一些精品出现，但是更多的成品是供给民间经济殷实的家庭，所以工艺已不需严格要求，纹样装饰朝着符合毯主人的审美情趣方面发展，最典型的是博古盆景图栽绒地毯，毯子所饰纹样与当时文人崇尚鉴赏古董、插花盆景的休闲生活观极为吻合。同时，清中期寺院庙宇用毯数量剧增，并出现不少精品，它直接影响到精美地毯的织造。至清晚期，北京、天津地毯业兴起，尤其北京织造地毯势头兴盛，吸引了国内外商家与用户，这或多或少冲击着宁夏栽绒地毯的织造，至此宁夏的栽绒地毯不再是中国地毯家族中的主角，这是客观事物发展的必然。

说明：本文所使用的地毯纹饰图片，图一选自故宫出版社《故宫藏毯图典》，由该书作者之一刘宝建提供；图四为周小寒先生提供的私人藏品；其余图片均选自Glanz Der Himmelssöhne Kaiserliche Teppiche Aus China 1400—1750（《中国皇家地毯1400—1750》）一书。

（作者单位：北京市文物公司）

徐悲鸿与广西的不解情缘

佟 刚

一、九次入桂

1935年10月至1943年1月，徐悲鸿曾九次来到广西，主要在南宁、桂林阳朔及贺州（八步）等地居住生活，每次长则数月、短则十几天。他在广西举办美术展览、筹建美术学校、进行美术创作，为广西的美术事业做了大量事情，也取得丰硕成果。他九次来广西的时间分别是：第一次，1935年10月至11月；第二次，1936年6月至1937年初；第三次，1937年1月中旬至5月初；第四次，1937年9月至11月；第五次，1938年1月至5月，其间曾到长沙、武汉；第六次，1938年7月至10月初，主要在桂林，其中8月和9月间在八步和柳州等地；第七次，1942年8月；第八次，1942年9月；第九次，1942年12月至1943年1月[①]。

徐悲鸿在广西的生活经历，使他的一生与广西结下了不解之缘。徐悲鸿之所以在抗战期间频繁地来到广西，是由于那时的广西对他来说，有着不一般的吸引力。

二、心仪之地

徐悲鸿来广西，首先是因为当时广西政局的新气象。1935年，徐悲鸿在南京中央大学艺术系任教，面对日寇的入侵，他对日益深重的民族危机深感忧虑，对蒋介石的不抵抗政策十分不满，而广西的"新政"则深深吸引了徐悲鸿。当时，以李宗仁为首的广西政府提出"建设广西、复兴中国"的口号，"致力于在桂省建立一个强有力的进步政府"，推行"三自""三寓"政策，进行广西社会总改造。广西政府从1931年开始，发愤图强，经过几年的苦心经营，出现了"省内政风朴实、简净，政令贯穿乡村，干部朝气蓬勃、人民安居乐业"的社会景象，被誉为全国的"模范省"，并且广西朝野上下充满民族忧患意识，抗战热情极为高涨，与蒋介石当局"攘外必先安内"的政策形成鲜明对照[②]。徐悲鸿称赞广西政府政纪廉明："辛苦砥砺，出于危亡，美哉！广西之治，壮哉！……中国之不亡，其庶几乎！"[③]李宗仁等人主政的广西欣欣向荣的局面，使徐悲鸿看到了国家的希望。而来到广西以后，他与李宗仁等人的深交，也使他觉得可以在广西兴办美术事业，于是把大量的美术作品和资料从南京运到广西，准备筹建桂林美术学院。

1935年秋，徐悲鸿启程来到广西之前，先致函老朋友广西省府秘书长苏希洵，得到苏希洵的欢迎复函。于是，徐悲鸿在1935年10月24日，携带自己的一批画作，乘轮船从上海南下，经香港、广州，于10月31日到广西梧州，11月2日抵达南宁，受到广西各界人士的欢迎。

11月4日，徐悲鸿在南宁乐群社举办了个人画展，反响热烈。之后，他与李宗仁、黄旭初等广西军政要人进行会晤，彼此十分投缘。徐悲鸿与李宗仁相识于1927年李宗仁北伐至南京之时，那时彼此只是见过面而无深交。现在，李宗仁对徐悲鸿来到广西十分高兴，因为当时广西当局推行政治、军事、经济、文化四大建设，十分希望各个方面的精英人才和领袖人物来桂助力。李宗仁、白崇禧、黄旭初等当时的新桂系首脑,对来广西的文化界著名人士十分重视,待他们优礼有加。这次徐悲鸿与李宗仁在交谈中,不仅讨论了抗日时局问题,而且还提及如何发展广西的美术事业、在广西筹办第一届美术展览、筹办桂林美术学院等。李宗仁看到徐悲鸿来广西是准备长期投身广西的抗战和美术事业,十分高兴,对徐悲鸿的一切均表现得很关心。徐悲鸿弟子张安治后来曾回忆:"当我应徐先生之命到桂林后,他还热情地对我叙述此间如何待他亲如兄弟,食共桌、寒送衣,提倡美术。"

广西的自然风光令徐悲鸿心仪已久,二十年前,徐悲鸿听好友、桂林人士易钦吾描述桂林山水,即已心驰神往。而多年来,他又感受到自己所熟悉的广西友人"诚挚勇迈",所以广西已经在徐悲鸿心里留下了美好的印象,久已准备来广西观光考察。

此次徐悲鸿离开南宁来到桂林阳朔,对眼前的景色赞叹不已。"山水甲天下之桂林,非身临其境不能知其美",徐悲鸿把世界各地的风景名胜与桂林作了比较,认为桂林的自然风貌当属天下第一,简直就是一个世间桃源:"土耳其旧京伊斯坦布尔信美矣……但以天赋而论,真为桂林所笑耳。"④广西的美丽风景和广西的人文面貌一样,也是让徐悲鸿再三来到广西的原因。几年间,他在广西的桂林阳朔、贺州等地,纵情山水间,创作出了很多佳作,其中《漓江春雨》《贺江景色》等写意山水,在中国美术史上开创了新格局。

1938年8月,徐悲鸿在桂林时,应邀去新加坡和印度举办画展,而为筹措经费,须先去香港。此时他应广西八步的老友谭达仓之请,来到桂湘粤交界的八步地区小住了半个月。八步即今贺州,贺江穿境而过,在广东封开县汇入西江。八步"群山突兀,插平原林木上,风景殊佳",徐悲鸿在此地生活的十五天时间里,为筹备新加坡和印度展览,创作出了四十余幅作品。之后,由于战争因素,唯有从水路坐船去香港。于是1938年10月9日,他从桂林出发,沿桂江于10月16日到达梧州,从梧州再顺着西江漂流而下,辗转多日,于11月7日才到达广东江门,然后来到香港⑤。

徐悲鸿与夫人蒋碧微的感情,长期以来,已经有了很大的问题。他们的思想观点和兴趣爱好等都相差甚远,彼此的个性也都很强,逐渐话不投机,聚少离多。孙多慈是徐悲鸿在南京中央大学的女学生,徐悲鸿很欣赏她的绘画才华,两人平时交往较多。孙多慈的出现,也使徐悲鸿与蒋碧微之间的裂隙加大,虽然徐、蒋二人为家庭,从各自的角度也做了一些弥补,但终归志不同道不合,已没有了共同生活的可能。徐悲鸿数度来到广西,忙碌于举办画展、进行美术教学和美术创作,蒋碧微则留在了南京。徐悲鸿支持广西政府抗战、批评蒋介石的政策、致力于在桂林兴办美术教育,这让蒋碧微顾虑重重,她曾于1936年8月只身来到桂林,劝说徐悲鸿回到南京,但徐悲鸿没有同意。两个人之间的隔阂也越来越深。

广西的抗战热情和桂林阳朔的山川美景,让徐悲鸿投身其间,以此放松心情,减轻婚姻生活造成的苦闷。直到1942年底,为筹建中国美术学院,在招聘图书资料管理员时,他结识了廖静文,两人互生情愫,走到一起,从而结束了多年漂泊的感情生活。

三、倾力美育

1935年10月底,徐悲鸿第一次来到广西,11月4日即在南宁乐群社举办画展。画展盛况空前,参观者络绎不绝,南宁的军政要人多来参观。翌日,参观广西省立第一高中,徐悲鸿为全校师生发表演讲,鼓励同学们努力学习,加强训练,参加抗战。之后,徐悲鸿又应李宗仁之请,并由李宗仁亲自陪同，在南宁初中（现市二中）为南宁市区中等以上学校师生4000多人发表了演讲。11月21日，徐悲鸿乘飞机经广州回到南京。

此次广西之行时间虽短，但南宁军民热烈的抗战氛围给徐悲鸿的触动很深，也坚定了他再度来广西从事美术事业的决心。1936年4月，徐悲鸿在上海《新中华》第7期上发表《南游杂感》，回顾了此次考察的所见所闻，抒发了此次考察的振奋心情："十一月五日，吾往参观南宁省立第一高中。入门所见，即为横悬于堂之校训擘窠大字'明耻教战'，不仅肃然警惕，热血上涌，心为一振……其学生着足，则一律草鞋，衣军衣，与全桂士兵无异。"⑥

1936年6月，徐悲鸿再次来到南宁，广西当局对徐悲鸿的到来十分高兴，特聘他为广西省政府顾问，为他在广西举办美术教育提供方便。此时徐悲鸿设想在南宁建立"桂林美术学院"，他和李宗仁谈到自己的想法，谈到漓江、阳朔之美，想定居在这里。李宗仁便将阳朔县前街上的一所小院买下，加以整修，赠送给徐悲鸿。

徐悲鸿在李宗仁的支持下，在桂林独秀峰下建起了一座二层楼房，准备作为桂林美术学院的校址，但筹办工作因抗战形势的变化而中止。

1936年5月，徐悲鸿担任广西美术会名誉会长，开始筹备广西第一届美术展览会。1936年7月5日，在广西省教育厅厅长雷沛鸿、美术会魏岸觉等人的支持配合下，广西第一届美术展览会在广西省博物馆如期开幕。徐悲鸿为此次展览会，从南京、上海等地征集了许多名家如齐白石、张大千、高剑父、潘天寿、吴作人等人的作品，还有国外绘画大师的油画素描作品。徐悲鸿主持了画展开幕式。展览会上，徐悲鸿的作品有《田横五百士》《奔马》《猫》《喜鹊》等。展览会的成功举办，特别是展出的多位名家的作品和国外的优秀油画、素描作品，给广西艺术界带来了强烈的新鲜感。这次展览会，无论从展览规模、展品的质量和数量，在当年广西都是空前的，促进了广西抗战美术运动和广西美术教育事业的发展。

1936年10月，广西省政府从南宁迁到桂林，徐悲鸿也移居桂林。1937年8月13日，日军大举进攻上海，当时正在桂林的徐悲鸿急忙赶回南京，打算把蒋碧微和两个孩子全都接到桂林，但是蒋碧微坚决反对。于是，徐悲鸿只好留下一笔钱给她，自己匆匆返回广西。10月，徐悲鸿应迁到重庆的中央大学的邀请，到重庆任教，学期课毕，即赶回桂林筹办美术学校。

1938年1月17日至7月17日，徐悲鸿与时任省教育厅音乐督学的满谦子积极倡导、策划，举办了广西省会国民基础学校艺术师资训练班（第一期），以筹建中的桂林美术学院的楼房为教学地点。训练班调训桂林各所小学的艺术教师，分音乐、美术二组，共八十三人，六个月结业。训练班主任由满谦子担任。徐悲鸿为训练班的同学录题写了"亲爱精诚"四个大字。

1938年1月16日，训练班举行入学考试，1月22日举行开学典礼，正式开学。此期训练班为夜校培训性质，授课时间为每周一至周五，每日晚上六点三十分至八点三十分。上课时间较短，但能完全紧贴艺术教育。其中，美术组专业课程有"实像模写"和"图案画"等，教授美术的老师有徐悲鸿、张安治、许杰民、覃敬庄等人⑦。训练班开创了广西艺术教育的先河，填补了以往广西艺术教育的空白。

在此基础上，从1938年开始，正式招收一年制（全日制）的广西省立艺术师资训练班，简称"艺师班"，以后陆续招生，分为一年制初级班和两年制高级班两种。训练班一直开办至1944年6月，因日军的大举进犯和桂林大疏散而被迫停办。

此外，由于徐悲鸿"积极倡议统一全省中学美术课程和教学方法"，在徐悲鸿的运作下，1938年7月25日，广西省政府在桂林开办了为期一个月的"广西省中等学校艺术教师讲习班",徐悲鸿、丰子恺、张安治、孙多慈等多人担任教师⑧。

在美术思想和美术教学理念上,徐悲鸿重视绘画与生活的紧密结合。1937年5月,他在一次画展的开幕式后,回答记者提问时说:"艺术与生活的表现是有关联的,研究艺术不能离开生活不管,从古昔到现在我国画家都忽略了这表现生活的描写,只专注于山水、人物、鸟兽、花卉等,抽象埋想,或模仿古人作品,只是专讲唯美主义。当然艺术最重要的原质是美,可是不能单独讲求美而忽略了真和善,这恐怕是中国艺术界犯的通病吧。"⑨

四、佳作纷呈

徐悲鸿在广西创作了他一生中的很多重要作品,尤其是国画。如1936年创作的《船夫》《逆风》《村歌》,1937年创作的《漓江春雨》《风雨鸡鸣》,1938年创作的《贺江景色》《牛浴》等。这些作品显示了徐悲鸿浪漫主义的绘画风格和扎实的写实功力。

《船夫》刻画了漓江上的几名船夫正在一条大船上奋力撑船的场景(图一)。画面高1.6米,长近4米。人物裸体,几乎同真人大小。以水墨勾画人物的形体,准确的人物骨骼肌肉和姿态的描写,传达出劳动者逼人的力量感和紧张劳作的气息。船夫形体的比例结构准确,神态和姿势天然,营造出了现实生活的真实气氛。画面近处的大片树叶和远处的群山,使整个画面疏密有致、富于层次。这种风格的人物绘画,是徐悲鸿对中国人物画的一种创新。这种画面构成和他以后创作的大幅国画《愚公移山》,同样具有描写劳动人民生活状态,歌颂劳动人民坚忍、勇敢、刻苦美德的寓意。

《逆风》画面上巨大的苇叶猛烈地倒向一侧,可以想见风势之大(图二)。画家寥寥数笔,即把狂风怒号的紧张气氛渲染到极点。在占满画面的芦苇丛的压迫下,几只麻雀愈显弱小,然而它们不畏艰难,迎风而上。麻雀的这种迎难而上、坚忍不拔的精神正是画家着力歌颂的。徐悲

图二 《逆风》

鸿曾对学生们讲:"画什么东西,都要有精神的寄托,我的精神所寄,常常在这些小东西(麻雀)身上。"画面题字:"逆风,丙子大暑,游龙州遣兴,悲鸿,静文爱妻保存。"龙州即为今天广西省崇左市龙州县,通过题字可以知道,徐悲鸿当年曾游历采风到过这里。

《村歌》是一幅田园诗般的作品,表现了广西乡村的秀丽景象和农家生活情趣(图三)。黝黑硕大的水牛和粉衣活泼的牧童,相映成趣。近景的充实和中、远景的空灵,显示出牧童身后田野的辽阔和田间空气的清新。描写

图一 《船夫》

细致的水牛几乎占据了画面的一半,另一半画面则大片留白。虚实相生的构图与和谐的色调,使画面气韵生动,令人回味不尽。

《漓江春雨》是徐悲鸿创作的为数不多的山水代表作之一。画面上几乎不见线条的勾勒,而是用水墨团块代替线条造型(图四)。作品运用宣纸的本色表现宁静的水面,一叶小舟在江面上起到以小衬大、显示空间的作用。浓淡墨的渲染表现出漓江上烟雨迷蒙的景象。墨与墨的挤压形成的奇妙效果,将连绵矗立的奇峰、广阔而波动的江面、若隐若现的村庄表现得淋漓尽致,画出了漓江雨后清新的气息。作品完全不入古人窠臼而独开新面,是徐悲鸿借鉴西方绘画、师法造化的山水典范。

徐悲鸿从1936年夏天开始,几乎用了半年的时间,创作了高2米、宽2.4米的大幅油画《广西三杰》。画面上是当时主政广西的李宗仁、白崇禧、黄旭初三人。画面以桂林山水为背景,三人身着戎装,骑着骏马,面庞坚毅,目光眺望远方。徐悲鸿创作此幅作品,寄托了他对抗战名将的敬重和对广西"模范省"的期许。张安治回忆说:"徐先生这时着力最多的是大幅油画李、白、黄的骑马像。"⑩

《广西三杰》显示了徐悲鸿对广西政治清明、众志成城的感佩。后来,1939年5月,徐悲鸿在新加坡举办画展和赈灾义卖,收到一大笔钱。适逢台儿庄大捷一周年纪念日,徐悲鸿特意给李宗仁写了一封信(图五),信中盛赞李宗仁的抗战功绩,表示要用手中画笔,尽到国民职责,准备将义卖所得款项的半数,作为李宗仁指挥的第五路军阵亡将士遗孤抚养之用。这封信见证了徐悲鸿对八桂大地和广西子弟兵的深厚情谊。

五、徐廖之恋

1938年7月31日,《广西日报》刊登《徐悲鸿启事》:"鄙人与蒋碧微女士久已脱离关系,彼在社会上一切事业概由其个人负责,特此声明。"宣告了徐悲鸿与蒋碧微多年的共同生活终于走到了尽头。而在战争的动荡岁月中,虽然徐悲鸿对孙多慈多方照顾,曾帮助孙多慈一家迁到桂林,但两人的感情却没有再进行下去,孙多慈遵父命,全家又迁出桂林到浙江去了,那时战火频仍,通信不便,于是两人断了音讯,各奔西东。此后,从1938年底到1942年,徐悲鸿去香港、下南洋、远赴印度,讲学、创作和举办展览,他怀着国恨家愁,一个人漂泊天涯。

1942年冬,徐悲鸿为筹办中国美术学院,需要清理寄存在桂林七星岩内的书画和资料,面向社会考试招聘图书管理员。年轻的湖南女子廖静文被录取,成为徐悲鸿的助

图三 《村歌》

图四 《漓江春雨》

图五　1939年5月徐悲鸿致李宗仁信

手。二人在相处中互生情愫，于1943年确定了恋爱关系，在贵阳订婚，1945年在重庆结婚。桂林，记录了徐悲鸿生命中一段崭新爱情的开始。这段爱情直到1953年9月徐悲鸿因病去世。

1945年2月，在重庆，为反对国民党反动当局的统治，响应共产党中央的号召建立民主联合政府，徐悲鸿冒着被反动当局迫害和被特务暗杀的危险，毅然在郭沫若带给他的"陪都文化界对时局的进言"上签字，廖静文也随同他在"进言"上签了字。

由于多年的劳累，徐悲鸿得了严重的高血压和肾病，廖静文不离左右地陪伴在徐悲鸿身边，精心地照顾他，使徐悲鸿的病情得到好转[11]。徐悲鸿感念妻子对自己的支持和照顾，在许多自己比较满意的作品上，题写了"静文爱妻保存"的字样。徐悲鸿去世后，廖静文为保护好徐悲鸿的作品和收藏品，几十年如一日，殚精竭虑，付出了巨大的努力。

1942年9月，徐悲鸿从印度回国后，再一次来到广西，为艺术师资训练班师生发表了题为"印度美术"的讲座。1943年1月，徐悲鸿离开南宁，回到重庆。以后他从重庆到北京，执掌北平艺专和中央美院，直到1953年在北京去世，再没有回到广西。

六、情思犹存

广西是徐悲鸿一生中十分重要的一个地方。广西当时相对良好的政局，为徐悲鸿实现抗日主张、致力于开展美术教育、提高国人的审美素质，提供了较好的条件。广西的壮丽景色，让徐悲鸿产生了很多艺术灵感，师法造化，创作出数量众多的优秀作品，成为中国美术史上的经典。广西友人的笃实敬诚，也让徐悲鸿得以在他们的帮助下，疏解了很多感情生活中的忧烦。而徐悲鸿在自己人生的黄金岁月，多次来到广西，通过进行各种美术活动，有力地推动了广西美术事业的发展。徐悲鸿在广西的经历，让他拼搏奋斗的人生，伴随着漓江上的雨露阳光，增添了许多明媚和温馨的色彩。

---

①杨益群：《徐悲鸿在广西》，《桂林抗战文化研究文集》，广西师范大学出版社，2005年。

②韦芳：《艺术大师与抗日将军的知交——抗战时期李宗仁与徐悲鸿交往述评》，《抗战文化研究》2011年第1期。

③④⑥徐悲鸿：《南游杂感》，载王震编：《徐悲鸿文集》，上海画报出版社，2005年。

⑤徐悲鸿：《西江漂流日记》，载王震编：《徐悲鸿文集》，上海画报出版社，2005年。

⑦⑧李普文等：《桂林抗日战争美术史》，广西美术出版社，2015年。

⑨徐悲鸿：《对中国近代艺术的意见》，载王震编：《徐悲鸿文集》，上海画报出版社，2005年。

⑩张安治：《一代画师——忆吾师徐悲鸿在桂林》，《文化史料丛刊》第四辑，文史资料出版社，1983年。

⑪廖静文：《徐悲鸿一生》，中国青年出版社，2007年。

（作者单位：徐悲鸿纪念馆）

固安县方城村明代墓群发掘简报

廊坊市文物管理处

2013年10月，在固安县固马公路西侧排水沟整治工程方城村Ka0+340—Ka0+580工程段施工中发现古墓葬，廊坊市文物管理处、固安县文广新局随即进行了抢救性发掘。墓群位于固安县彭村镇方城村东（图一），共发现古墓葬9座（图二），编号为M1~M9。现将发掘情况简报如下。

一、墓葬形制

墓葬均位于地表约5米之下，部分墓葬在施工中遭严重破坏。其结构均为单室砖墓，墓室平面形制有圆形、长方形两种。

1. 圆形单室砖墓5座（M1、M4、M6~M8）。墓葬形制相似，均穹隆顶，由墓道、墓门、甬道、墓室组成，墓门为券顶，墓道未作清理。墓壁砌法均为单砖错缝平顺砌，墓门开在南面，M1、M4墓室中部砌两层平砖作棺床。均无铺地砖。葬具为木棺。现以M4为例说明。

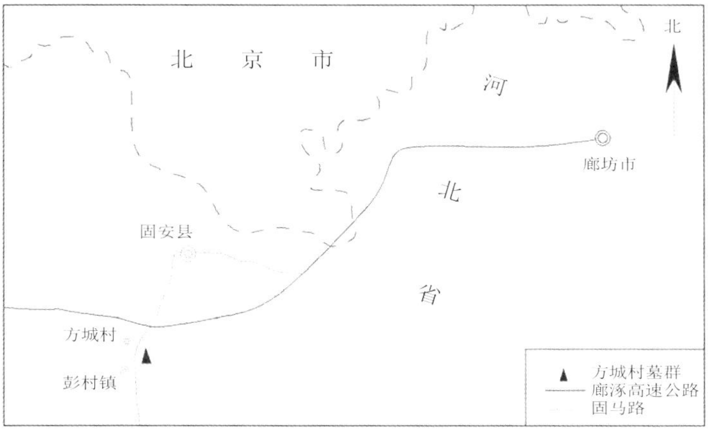

M4 方向194°。墓门为券顶，宽1.01米，高0.84米。甬道进深0.6米，单重平顺砌封门砖。甬道两壁砌法为单砖错缝平顺砌，单层券顶。甬道顶部南侧0.3米处置方形石一块，青石质，石面不平，宽0.55米，厚0.17米，石下两层平砖垫为基。墓室内径东西2.98米，南北2.89米，墓壁残高1.36米，墓壁砌法为单砖错缝平顺砌。墓室中部砌二层平砖作棺床，东西长2.47米，南北宽0.92米。墓壁与穹隆顶相接处用砖斜角砌筑一周做装饰（图三）。墓室内的南部墓壁处和北部墓门处均发现薄木棺和人骨，木棺已腐朽，因墓内早年积水、穹隆顶部分坍塌，骨骸位置已发生改变。清理中在墓室南部、北部各发现头骨一个。整座墓系用素面青砖砌筑，砖长35厘米、宽17厘米、厚5.5厘米。

由于墓室内曾积水并早年坍塌积满淤土，随葬品位置已改变。在墓门处发现泥质红陶罐1件，罐内积满淤土，夹于上下两砖之间，已变形，应为墓室早年坍塌过程中砸碎。因陶质火候较低，年久潮湿成碎片状，不可复原。腐朽棺木处发现铜钱11枚，均腐蚀严重。

2. 长方形砖室墓4座（M2、M3、M5、M9）。M9因位于民房下方，未进行清理，从现场暴露部分东壁可知，为一长方形砖室墓。另三座墓葬形制相同，平面均

图一 墓葬位置示意图

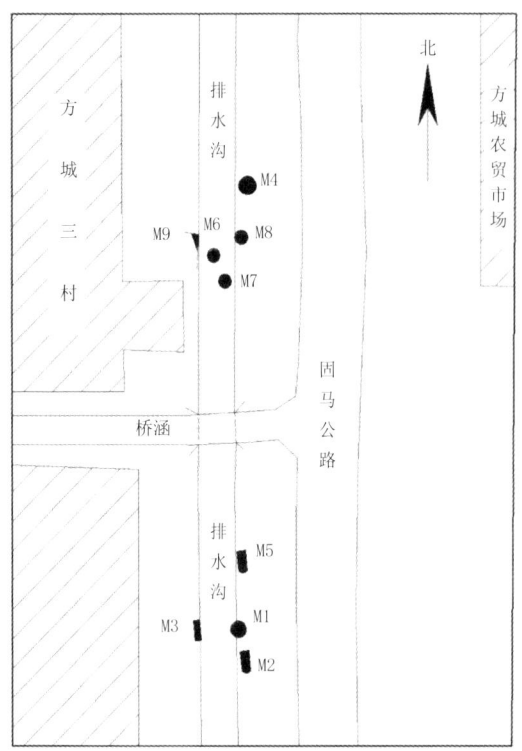

图二 墓葬分布示意图

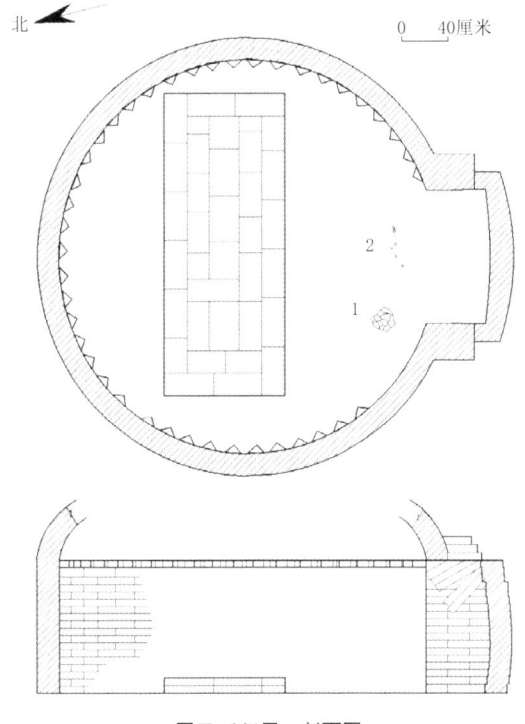

图三 M4平、剖面图
1.泥质红陶罐 2.铜钱

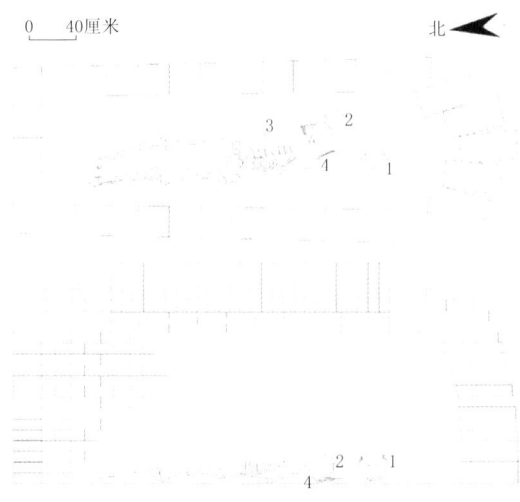

图四 M2平、剖面图
1.泥质红陶罐 2.铜镜 3.铜钱 4.发钗

南宽北窄，近长方形，M3施工中遭破坏，墓室被翻动，M5墓顶早年坍塌且未发现人骨、随葬品，现以M2为例说明。

M2 方向185°。近长方形单室砖墓，南壁略呈弧形，墓室南部稍宽于北部，墓室长3.1米，宽1米，高1.32米。墓壁为单砖错缝平顺砌，墓底无铺地砖。墓顶自下而上渐内收，顶部斜立砌砖一排为脊，脊下两侧各伐三层平砖。墓室内发现腐朽木棺及人骨架一具，头南脚北平躺（图四）。整座墓由素面青砖砌筑，砖长35厘米、宽17.5厘米、厚5.5厘米。

随葬品包括铜镜1件、发钗2支，均置于头骨下部或侧面，泥质红陶双系罐1件，位于头骨南侧约20厘米，铜钱4枚（洪武元宝3枚，另1枚残，年号不详）。

二、出土器物

1.陶器

泥质红陶双系罐 1件（M2∶1）。泥质红陶，直口，圆唇，溜肩，鼓腹，腹下部斜内收，圈足。肩部饰双系，器表施褐色半釉，釉色黯淡无光。口径12.6厘米、底径8.6厘米、高14.8厘米（图五，1;照片一）。

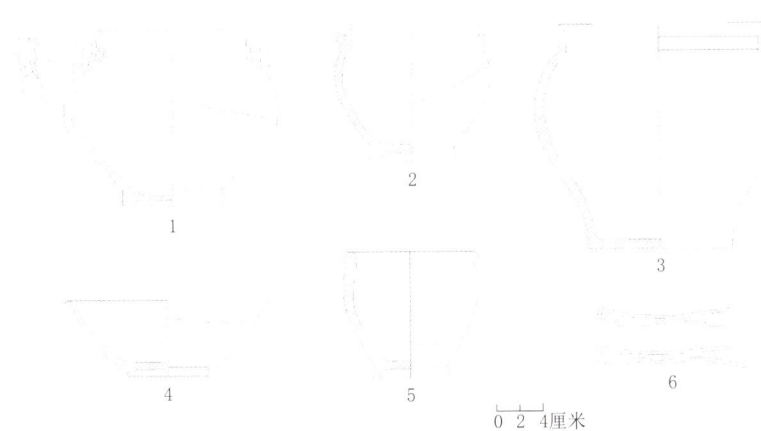

图五 出土器物
1.泥质红陶双系罐(M2:1) 2.酱釉罐(M6:1) 3.泥质灰陶罐(M7:3) 4.青釉碗(M7:2)
5.青釉罐(M7:1) 6.发钗(M2:4)

照片一 泥质红陶双系罐(M2:1)

照片二 泥质灰陶罐(M7:3)

照片三 酱釉罐(M6:1)

泥质灰陶罐 1件(M7:3)。口微侈,圆唇,矮束颈,溜肩,鼓腹,腹下部斜内收,平底。器表素面。口径17.5厘米、底径12.6厘米、高18.8厘米(图五,3;照片二)。

2. 瓷器

酱釉罐 1件(M6:1)。直口,方唇,溜肩,鼓腹,腹下部斜收,圈足稍外撇。肩部对称饰双系。胎坚致,胎体厚重。器内施满釉,釉层较薄,器表施半釉,釉色光亮,芒口。口径11.6厘米、底径7.8厘米、高11.5厘米(图五,2;照片三)。

青釉碗 1件(M7:2)。敞口,圆尖唇,折沿,斜直壁,圈足。胎质粗疏,器内施满釉,器外施半釉,釉色青灰,釉层薄厚不均,局部有流釉痕,内底宽涩圈。口径18.6厘米、底径7.2厘米、高6.6厘米(图五,4;照片四、照片五)。

青釉罐 1件(M7:1)。缸胎。圆唇,近直壁,圈足。器内施满釉,器表施半釉,釉层较薄,釉色青中泛灰。口径10.8厘米、底径6.6厘米、高9.6厘米(图五,5;照片六、照片七)。

3. 缠枝花纹镜

2件。M2:2,完整。圆形,圆钮,圆形钮座,两周凸弦纹将镜分为两区,内区饰十二内向连弧纹,外区饰八朵缠枝花纹,内向十七连弧纹缘。直径12厘米、厚0.5厘米(图六、照片八)。M6:2,圆形,圆钮,圆形钮座,钮座饰内向十二连弧纹带,一周弦纹将镜分为两区,内区饰八朵缠枝花纹,外区饰内向十七连弧纹,素窄卷边。直径11.6厘米、厚0.8厘米(图七、照片九)。

4. 发钗

2件(M2:4)。薄片状铜条对折而

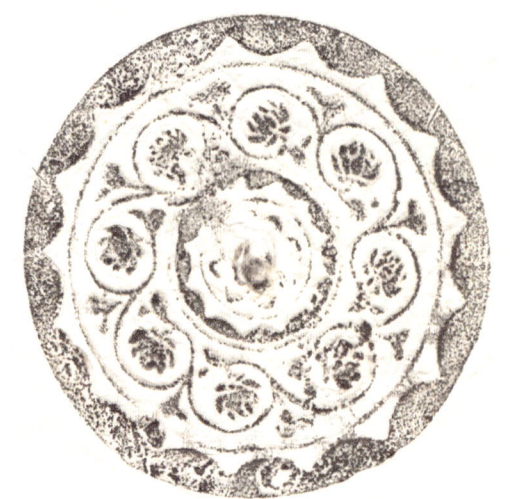
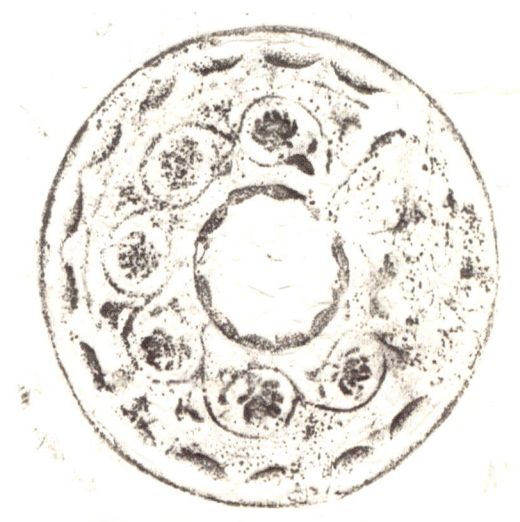

图六 铜镜（M2:2）拓片　　　　　　　图七 铜镜（M6:2）拓片

照片四 青釉碗（M7:2）　　　　　　　照片七 青釉罐（M7:1）圈足底

照片五 青釉碗（M7:2）俯视图　　　　照片八 铜镜（M2:2）

照片六 青釉罐（M7:1）　　　　　　　照片九 铜镜（M6:2）

成，一只完整，长12厘米，另一只残断（图五，6）。

5. 铜钱

20枚，其中M2出土4枚，M3出土1枚，M4出土11枚，M8出土4枚。铜钱大部分腐蚀严重，能够辨认的仅M2的3枚"洪武通宝"，方穿，楷书，对读。

三、结语

此次清理的墓葬，均为排水沟整治工程施工中发现，因沟渠两侧分别为公路和民房，不能确认是否仍分布有墓葬。根据墓葬间距离及排列，其分布大致可分为两组，南部的M1～M3、M5为第一组，北部的M4、M6～M9为第二组。其中5座圆形墓葬，墓向基本一致，形制相同，砌法简单，仅M4墓壁砖砌一周简单的花牙作装饰，其余均为单砖错缝平顺砌；4座长方形墓葬，墓向亦基本一致，形制相同。9座墓葬内均发现有腐朽棺木及人骨，葬俗均为土葬。根据墓葬形制及分布情况初步推断，墓群应属时间相近的两个家族墓地。

9座墓葬中除铜钱外未发现其他纪年遗物。M2中发现3枚"洪武通宝"，说明墓葬的年代大约在明朝初期，上限不早于明洪武时期。M2、M6、M7出土的釉陶双系罐、酱釉罐、青釉罐与赤城马营[1]出土的器物相同或近似。比对廊坊地区发现的晓廊坊小区金代墓群[2]墓葬形制，圆形墓葬墓壁砌法趋于简单化，长方形墓葬形制更为规整，墓顶砌法较前稍复杂，既有相似性又有延续性。综合墓葬形制、钱币纪年和随葬品特征，推断墓群应为明代两个家族的墓地。

方城属历史地名，始见西周时期，是燕国南部的军事重镇，战国燕官印有"方城都司徒"[3]。《史记·燕世家》："王僖十二年，赵使李牧攻燕，拔武遂、方城。"燕方城都，西汉时为广阳国属县。《史记正义》引《括地志》云："方城故城在幽州固安县南十七里。"二者互证，秦推行郡县制，改燕方城都为方城县，属秦广阳郡，即今河北省固安县南[4]。又据《固安县志》载："汉置方城县，属广阳国，后汉属涿郡，晋属广阳国，后魏属范阳郡，齐废，隋开皇六年（586）改置固安县……"此次墓群的发现，填补了廊坊地区明代墓葬考古空白，为了解明代墓葬特点、丧葬习俗演变提供了新的资料。

发掘：张洪英、陈卓然、杨光、张刚
　　　李一萱、吴建梅、周海燕
　　　张长存、李明琴

绘图、执笔：李明琴

---

[1] 张家口地区文物管理处、赤城县博物馆：《赤城马营明代墓葬群清理简报》，《文物春秋》1993年第2期。

[2] 廊坊市文物管理处：《廊坊市晓廊坊小区金代墓群发掘简报》，《文物春秋》2013年第3期。

[3] 罗福颐：《古玺汇编》，文物出版社，1981年。

[4] 后晓荣、陈晓飞：《考古出土文物所见燕国地名考》，《首都师范大学学报（社会科学版）》2007年第6期。

北京市通州区西集镇明清墓葬发掘简报

北京市文物研究所

为配合北京市通州经济开发区东区D14地块项目建设，北京市文物研究所在前期考古勘探的基础上，于2015年10月1日至7日，对其用地范围内的墓葬进行了考古发掘。该项目发掘地点位于通州区西集镇东南部，北邻胡庄，东邻西大路，南邻牛牧屯路，西邻协杨路，其中心地理坐标为北纬39°48′22.16″，东经116°52′34.26″（图一）。此次发掘明代墓葬2座、清代墓葬1座（图二）。现将此次发掘情况简报如下。

一、明代墓葬

明代墓葬共发掘2座，编号为M2、M3，共出土随葬品10件（不含铜钱）。有陶器3件、瓷器7件，器型均为罐、碗、瓶等；另出土铜钱7枚。

（一）M2

M2位于发掘区的西南部，东邻M3，南北向，方向168°。开口于②层下，为青砖砌制的椭圆形竖穴单室墓，墓口距地表深0.94米，平面呈"甲"字形。墓圹南北总长5.47米，东西宽1.22～3.17米。墓底距墓口深1.48米。由墓道、墓门、墓室组成（图三）。

墓道　位于甬道的南端，平面呈长方形，南北长2.52米，东西宽1.24米。在墓道南端由南向北修筑三步台阶：第一步台阶面宽1.24米，进深0.27～0.35米，高0.24米；第二步台阶面宽1.24米，进深0.25～0.31米，高0.16米；第三步台阶面宽1.22米，进深0.3米，高0.32米。墓壁整齐，墓底较平，内填黄褐色花土，土质疏松，土内夹杂较多的碎砖块等。

墓门　位于墓道北端，北与墓室相接，平面呈长方形，东西长1.18米，南北进深0.48米，高0.91米。拱形顶，顶部用青砖叠压错缝平砌，残留4层。东侧平砌11层，西侧平砌15层，立颊高0.6～0.82米。墓门内用砖块叠压错缝砌置呈"人"字形封堵。

图一　发掘区位置示意图

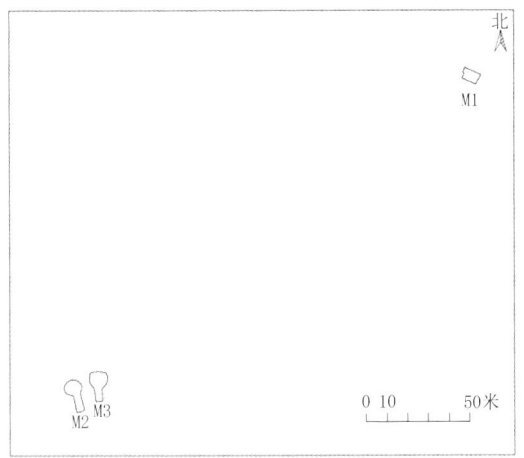

图二 墓葬分布图

墓室 位于甬道北端，平面呈圆形，南北长2.38米，东西长2.8米，顶部已被破坏，残留部分用青灰色砖块叠压错缝平砌呈犬牙状，残高0.55~1.1米。墓底较平。

随葬品

出土器物3件：青釉瓷碗（M2:1），酱釉瓷碗（M2:3），红陶罐（M2:4）；另出土铜钱5枚（M2:2）。

1.青釉瓷碗1件

标本M2:1，残，敞口，圆唇，轮制。弧腹，近底渐收，矮圈足，通体施一层青釉，釉色青灰，釉面光滑，釉面有缩釉点，内外壁见明显修坯旋痕，内底及外底露黄褐色胎，内外底皆有垫圈压痕。口径16.3厘米、底径6厘米、高7.1厘米（图四，2）。

2.酱釉瓷碗1件

标本M2:3，口残，直口，圆唇，轮制。弧腹，下弧急收，矮圈足，通体施一层釉酱水，釉色稀薄，釉面粗糙，腹部有滴釉现象，外底露黄褐色胎，胎质粗糙，内外底皆有垫圈压痕。口径14.6厘米、底径7.8厘米、高6厘米（图四，1）。

3.红陶罐1件

标本M2:4，泥质红陶，口残，直口，圆唇，轮制。斜腹，下弧渐收，平底，器体内外壁有修坯旋痕。口径10.4厘米、最大腹径8.6厘米、底径6厘米、高4.6厘米（图四，4）。

4.铜钱5枚。

"开元通宝"1枚。标本M2:2-1，锈残，圆形，方穿，正、背面有圆郭，正面铸"开元通宝"四字，楷书，对读，背面无纹。直径2.5厘米、穿宽0.75厘米、郭宽0.2厘米，重3.46克（图五，1）。

"景德元宝"1枚。标本M2:2-2，锈残，圆形，方穿，正、背面有圆郭，正面铸"景德元宝"四字，楷书，旋读，背面无纹。直径2.4厘米、穿宽0.6厘米、郭宽0.4厘米，重2.1克（图五，2）。

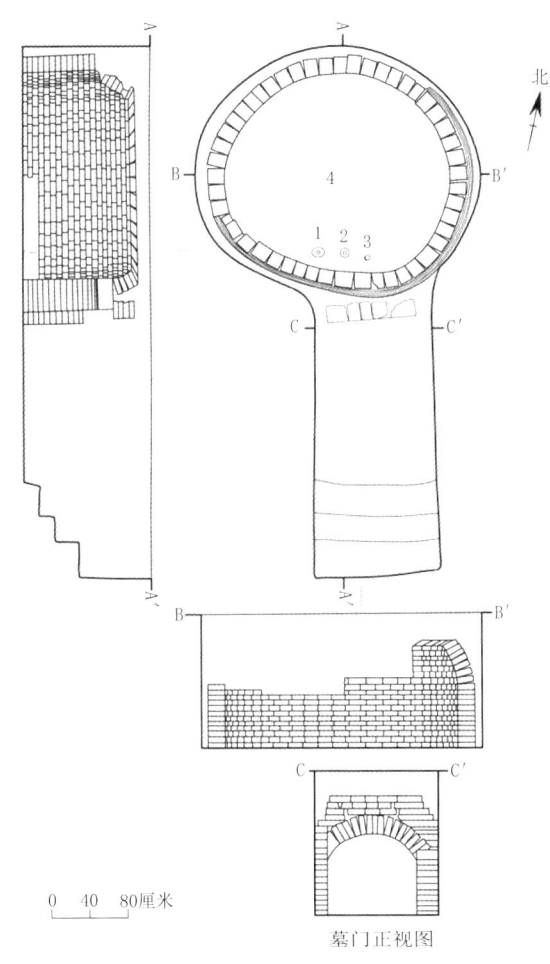

图三 M2平、剖面图
1.青釉瓷碗 2.酱釉瓷碗 3.红陶罐 4.铜钱

（二）M3

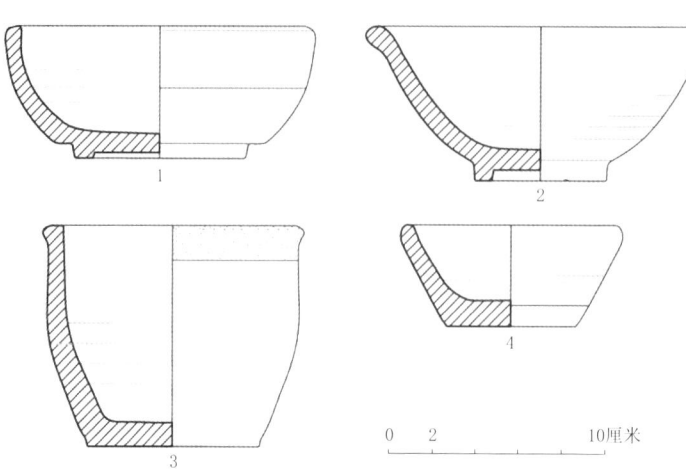

图四　M1、M2出土器物
1.酱釉瓷碗(M2:3)　2.青釉瓷碗(M2:1)　3.酱釉瓷罐(M1:1)　4.红陶罐(M2:4)

M3位于发掘区的西南部，西邻M2，南北向，方向182°。开口于②层下，墓口距地表深0.94米。由墓道、墓门、墓室组成，平面呈"甲"字形。墓室南北总长4.96米，东西宽1.06~3.08米。墓底距墓口深1.08米（图六）。

墓道　位于墓门南端，南窄，北宽，平面近似长方形，南北长2米，东西宽1.06~1.26米。在墓道内南部自上而下修筑台阶两步：第一步台阶面宽1.1米，进深0.35~0.4米，高0.28米；第二步台阶面宽1.12米，进深0.25米，高0.48米，台面呈缓坡状。墓道周壁整齐，墓底较平，内填黄褐色花土，土质疏松，土内夹杂较多的碎砖块等。

"祥符元宝"1枚。标本M2:2-3，锈残，圆形，方穿，正、背面有圆郭，正面铸"祥符元宝"四字，楷书，旋读，背面无纹。直径2.4厘米、穿宽0.65厘米、郭宽0.3厘米，重3.3克（图五，3）。

"熙宁元宝"1枚。标本M2:2-4，锈残，圆形，方穿，正、背面有圆郭，正面铸"熙宁元宝"四字，楷书，旋读，背面无纹。直径2.3厘米、穿宽0.7厘米、郭宽0.25厘米，重4.8克（图五，4）。

"洪武通宝"1枚。标本M2:2-5，锈残，圆形，方穿，正、背面有圆郭，正面铸"洪武通宝"四字，楷书，对读，背面无纹。直径2.25厘米、穿宽0.65厘米、郭宽0.2厘米，重3.14克（图五，5）。

墓门　位于墓道北端，北与墓室衔接，平面呈"八"字形，进深0.32米，面宽0.68~0.94米。上部已被破坏，残留下部，东西两壁残留部分用青灰色素面砖叠压平砌，自下而上向内倾斜，残高0.8米。墓门内用青砖叠压错缝平砌封堵。

墓室　位于墓门北端，平面呈马蹄状，南北长2.02米，东西长0.68~2.2

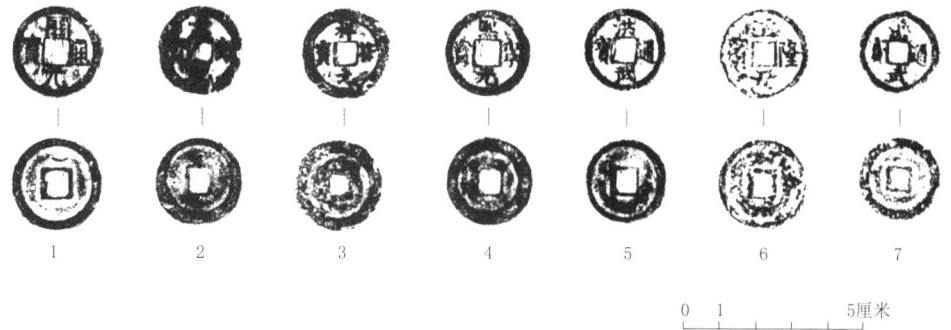

图五　M2、M3出土铜钱
1.开元通宝(M2:2-1)　2.景德元宝(M2:2-2)　3.祥符元宝(M2:2-3)　4.熙宁元宝(M2:2-4)
5.洪武通宝(M2:2-5)　6.正隆元宝(M3:2-1)　7.洪武通宝(M3:2-2)

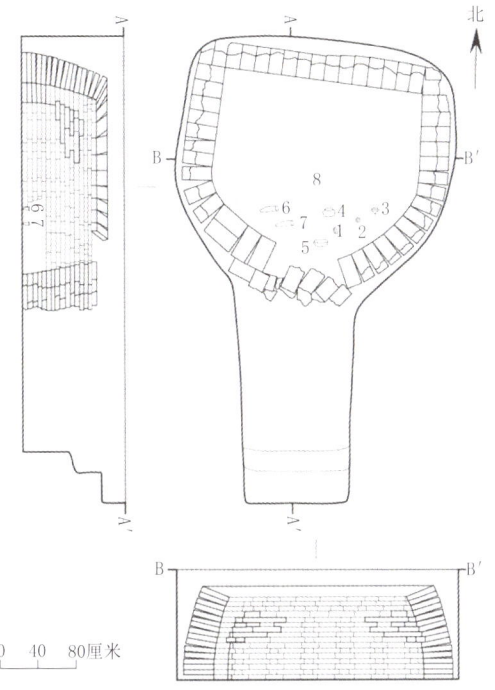

图六 M3平、剖面图
1.青釉瓷碗 2.青釉瓷碗 3.高足釉瓷碗 4.灰陶罐
5.陶钵 6.瓷瓶 7.瓷瓶 8.铜钱

照片一 瓷瓶（M3:1）

照片二 陶钵（M3:3）

米。顶部已被破坏，残留部分周壁自下而上向内倾斜，用青砖叠压错缝平砌，砌至0.35米时开始起券至顶成圆形，北壁东西两端0.35米处挑角，墓壁呈犬牙状。墓室残高0.8~0.91米。

随葬品

出土器物7件：瓷瓶(M3:1)、陶钵(M3:3)，瓷瓶(M3:4)，青釉瓷碗(M3:5)，青釉高足碗(M3:6)，青釉瓷碗(M3:7)，灰陶罐(M3:8)；另出土铜钱2枚(M3:2)。

1. 瓷瓶2件

标本M3:1，口残，子母口，束颈，长圆腹，小平底，胎质较硬，胎体粗糙，器体修坯凸棱较明显，素面无纹；口径4.6厘米、最大腹径12.2厘米、底径5厘米、高24.6厘米（图七，1；照片一）。标本M3:4，口残，子母口，束颈，长圆腹，小平底，胎质较硬，胎体粗糙，略变形，器体修坯凸棱较明显，素面无纹；口径5厘米、最大腹径10.8厘米、底径5.4厘米、高24.2厘米（图七，2）。

2. 陶钵1件

标本M3:3，残，敞口，短颈，弧腹，下腹弧收，平底略内凹，外壁饰凹弦纹一周，通体素面。口径24.2厘米、最大腹径26.6厘米、底径13.4厘米、高11厘米（图七，3；照片二）。

3. 青釉瓷碗2件

标本M3:5，完好，敛口，圆唇，轮制。弧腹，下弧急收，矮圈足，通体施一层釉酱水，釉色稀薄，釉面光滑，内底露黄褐色胎，胎质粗糙，内外底皆有垫圈压痕。口径12.4厘米、底径5.8厘米、高3.4厘米（图七，4；照片三）。标本M3:7，残，敞口，圆唇，轮制。弧腹，近底渐收，矮圈足，通体施一层青釉，釉色青灰，釉面光滑，内外壁见明显修坯旋痕，内底及外底露黄褐色胎，内外底皆有垫圈压痕；口径16.8厘米、底径5.6厘米、高6厘米（图七，6；照片四）。

4. 青釉高足碗1件

标本M3:6，残，敞口，圆唇，轮制。

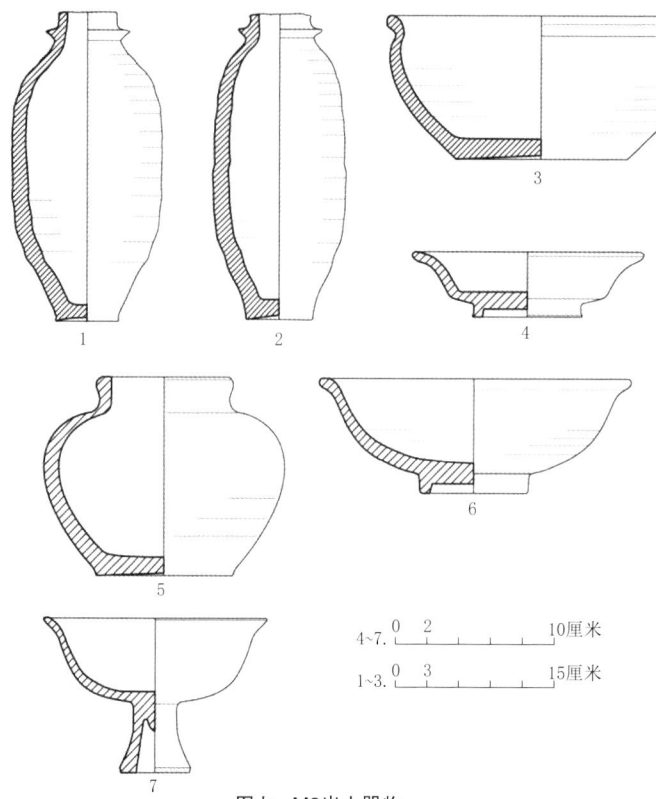

图七 M3出土器物
1.瓷瓶(M3:1) 2.瓷瓶(M3:4) 3.陶钵(M3:3) 4.青釉瓷碗(M3:5)
5.灰陶罐(M3:8) 6.青釉瓷碗(M3:7) 7.青釉高足碗(M3:6)

鼓腹,平底,底接高足柄,足底外撇,旋削一周,足底露黄褐色胎,足柄内中空,内壁局部施有青釉,器身通体施青釉,釉面局部有釉痕及窑渣。口径12.2、足径3.8厘米、足高3.7厘米、通高8.1厘米(图七,7;照片五)。

5.灰陶罐1件

标本M3:8,泥质灰陶,口残,敞口,方圆唇,束颈,溜肩,弧腹,下腹弧收,平底,胎质较粗疏,素面无纹。口径6.4厘米、最大腹径13.2厘米、底径7.2厘米、高10.4厘米(图七,5;照片六)。

6.铜钱2枚

"正隆元宝"1枚。标本M3:2-1,锈蚀残碎,圆形,方穿,正、背面有圆郭,正面铸"正隆元宝"四字,楷书,旋读,背面无纹。直径2.4厘米、穿宽0.6厘米、郭宽0.15厘米,重2.4克(图五,6)。

"洪武通宝"1枚。标本M3:2-2,锈残,圆形,方穿,正、背面有圆郭,正面铸"洪武通宝"四字,楷书,对读,背面无纹。直径2.25厘米、穿宽0.6厘米、郭宽0.2厘米,重2.5克(图五,7)。

二、清代墓葬

清代墓葬共发掘1座,编号M1,为长方形竖穴土圹双棺墓,仅出土瓷罐1件,另出土铜钱4枚。

M1位于发掘区的东北部,东西向,方向135°。开口于①层下,墓口距地表0.55米。为长方形竖穴土圹双棺合葬墓,墓室长2.16~2.5米,宽1.54米,墓底距墓口深0.38~0.6米。墓壁整齐,墓底较平,内填黄褐色花土(图八)。

墓室内葬置双棺,南棺长2.04米,宽0.66~0.74米,残高0.25米。棺内骨架一具,比较零乱,头向东,面向上,为仰身直肢葬。墓主颅骨较大,眉弓发达,初步推断为男性。北棺长1.6米,宽0.58米,残高0.1米。棺内骨架一具,头向东,面向南,为侧身直肢葬,墓主骨架瘦小,颅骨较小,初步推断为女性。

随葬品

出土器物1件:酱釉瓷罐(M1:1);另出土铜钱4枚(M1:2)。

1.酱釉瓷罐1件

标本M1:1,残,直口,尖圆唇,短颈,折肩,弧腹,下腹弧收,平底,隐圈足,足底较平,露黄褐色粗胎,胎质疏松,器外施半酱色釉,器口刮釉露胎,底部露胎,口径12.2厘米、最大腹径12厘米、底径8、高10厘米(图四,3;照片七)。

照片三 青釉瓷碗（M3:5）

照片四 青釉高足碗（M3:6）

照片五 青釉瓷碗（M3:7）

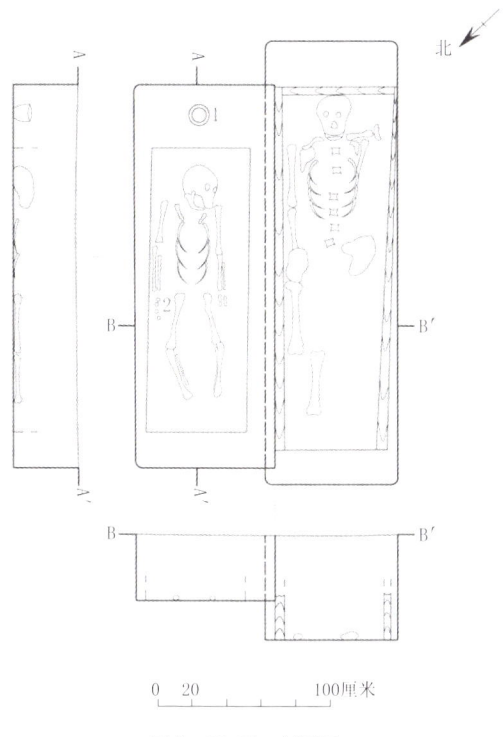

图八 M1平、剖面图
1.酱釉瓷罐 2.铜钱

2. 铜钱4枚

"乾隆通宝"1枚。标本M1:2-1，锈残，圆形，方穿，正、背面有圆郭，正面铸钱文"乾隆通宝"四字，楷书，对读，背面穿左右铸满文"宝泉"二字，纪局名。钱径2.1厘米、穿宽0.6厘米、郭宽0.25厘米，重3.1克（图九，1）。

"嘉庆通宝"1枚。标本M1:2-2，锈残，圆形，方穿，正、背面有圆郭，正面铸钱文"嘉庆通宝"四字，楷书，对读，背面穿左右铸满文"宝苏"二字，纪局名。钱径2.4厘米、穿宽0.6厘米、郭宽0.35厘米，重3.5克（图九，2）。

"咸丰通宝"1枚。标本M1:2-3，锈残，圆形，方穿，正、背面有圆郭，正面铸钱文"咸丰通宝"四字，楷书，对读，背面穿左右铸满文"宝泉"二字，纪局名。钱径2.1厘米、穿宽0.6厘米、郭宽0.25厘米，重3.23克（图九，3）。

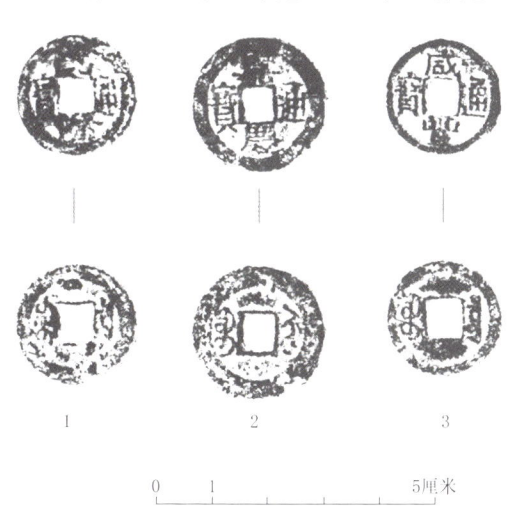

图九 M1出土铜钱
1.乾隆通宝(M1:2-1) 2.嘉庆通宝(M1:2-2) 3.咸丰通宝(M1:2-3) 4.光绪通宝(M1:2-4)

照片六 灰陶罐（M3:8）

照片七 酱釉瓷罐（M1:1）

"光绪通宝"1枚。标本M1:2-4，锈残，圆形，方穿，正、背面有圆郭，正面铸钱文"光绪通宝"四字，楷书，对读，背面穿左右铸满文"宝泉"二字，纪局名。钱径2.2厘米、穿宽0.6厘米、郭宽0.3厘米，重2.8克（图九，4）。

三、结语

此次发掘的明清墓共3座，虽然数量少，但有比较重要的研究价值。

在以往北京地区的考古发掘中，大多数明代墓葬为长方形竖穴土圹墓，没有墓道、墓门，墓室也不是砖砌。而此次发掘的2座明代墓葬均由墓道、墓门、墓室三部分构成，为青砖砌制的椭圆形竖穴单室墓，平面呈"甲"字形。结合出土的器物来分析，与金元时期的墓葬形制、随葬品组合基本一致。然而，在M2、M3中各出土一枚明代初期的"洪武通宝"，因此推测这座墓葬是明代墓葬。另外，鉴于M2、M3具有金元时代墓葬的特征，当时还依然流行着元代的丧葬文化，其时代极有可能是明代初年。

另外一座墓葬M1是清代墓葬，根据出土的"光绪通宝"来判断，应该属于清代晚期墓葬。

通过对通州区西集镇明清墓葬的发掘，使我们对该地区明代早期及清代晚期墓葬的形状、结构、特点有了一定的认识，并对该地区丧葬习俗有了较多的了解，为进一步研究该地区的社会发展状况提供了实物资料。

发掘：于璞 王策
器物摄影：王殿平
绘图：同新
执笔：于璞 王策 程利 杨菊

北京市昌平区朱辛庄明清墓葬发掘简报

北京市文物研究所

2015年9月9日至26日，为配合昌平区朱辛庄新区二期ZXZ-006、007、008、025、026地块项目建设的顺利进行，北京市文物研究所对相关地块内的古代墓葬和窑址进行了抢救性发掘。发掘地点位于昌平区朱辛庄村西北，地理坐标为北纬40°06´02.82″，东经116°17´19.21″，海拔42米（图一）。发掘面积为244平方米，发掘明代墓葬6座、清代墓葬8座、清代窑址4座（图二）。有关清代窑址的简报前期已经发表[1]，现将此次发掘的墓葬简报如下。

一、明代墓葬

明代墓葬共发掘6座，编号分别为M1～M6，为长方形竖穴土圹墓。可分为单棺墓、双棺墓、三棺墓，其中M5为单棺墓葬，M2～M4、M6为双棺墓葬，M1为三棺墓葬。仅出土随葬品3件，其中陶器2件、瓷器1件；另出土铜钱5枚。

（一）单棺墓

1座。为长方形竖穴土圹墓。编号M5。

M5位于发掘区的中南部，西北邻M6，南北向，方向16°，为长方形竖穴土圹单

图一 墓葬位置示意图

图二 墓葬分布图

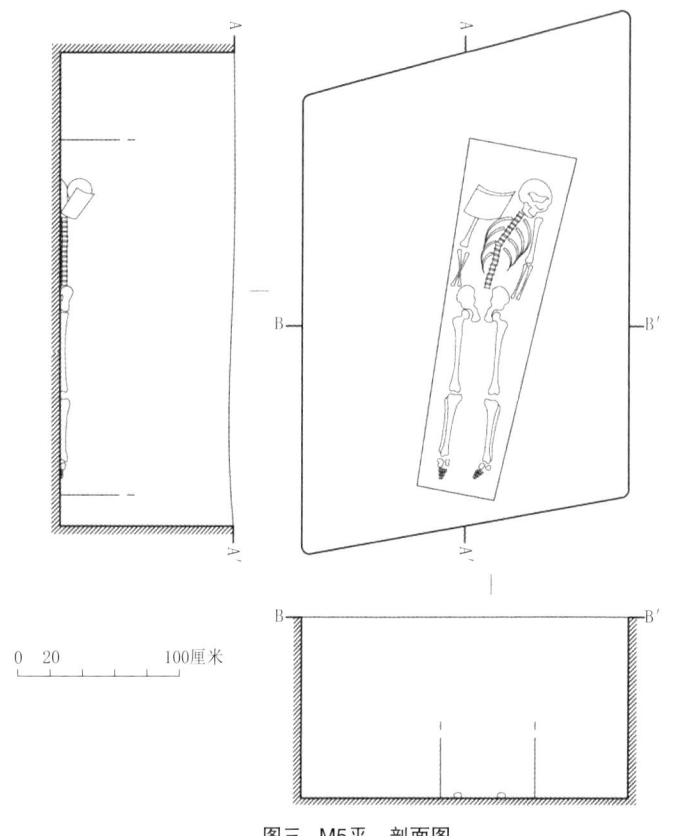

图三 M5平、剖面图

棺墓，开口于①层下。墓底距地表深0.9米，墓室长2.42米，宽1.7~1.82米，墓口距地表深0.86米。内填五花土，土质疏松（图三）。

内置单棺，棺木已朽，棺长1.72米，宽0.4~0.54米，残高0.31米。棺内骨架保存较完整，头北足南，面向东，仰身直肢葬。墓主颅骨较大，眉弓发达，故推断为男性。

无随葬品。

（二）双棺墓

4座。分为长方形竖穴土圹墓和梯形竖穴土圹墓。编号M2、M3、M4、M6。

M2位于发掘区的中南部，南邻M1，南北向，方向10°，为长方形竖穴土圹双棺墓，开口于①层下。墓底距地表深1.8米，墓室长2.56米，宽1.66~1.76米，墓口距地表深0.7米。内填五花土，土质疏松（图四）。

内置双棺，棺木已朽，东棺长1.8米，宽0.4~0.5米，残高0.24米。棺内骨架保存较完整，头北足南，面向下，仰身直肢葬，墓主颅骨较大，眉弓发达，初步推断为男性；西棺长1.62米，宽0.41~0.54米，残高0.22米。棺内骨架保存较完整，头北足南，面向上，仰身直肢葬，墓主骨架纤细，颅骨较小，初步推断为女性。

随葬品 陶罐2件：半釉陶罐（M2:1），灰陶罐（M2:2）。

1. 半釉陶罐 1件，标本M2:1，西棺出土，口残，方圆唇，溜肩，斜弧腹，下腹弧收，平底，圈足，器物仅口部附近施一层酱色釉，釉色较稀薄，有滴釉现象，腹部、底部露胎，胎质较细腻，内外一周见较明显修坯痕迹。口径8.6厘米、最大腹径15.4厘米、底径8.2厘米、高15.2厘米（图五，2；照片一）。

2. 灰陶罐 1件，标本M2:2，东棺出土，完整，方尖唇，溜肩，鼓腹，平底，胎质较细腻，内外一周见较明显修坯痕迹，素面无纹饰。口径7厘米、最大腹径12.2厘米、底径8.6厘米、高7.8厘米（图五，3）。

M3位于发掘区的中南部，东邻M4，南北向，方向5°，为长方形竖穴土圹双棺墓，开口于①层下。墓底距地表深1.2米，墓室长2.24米，宽1.59~1.9米，墓口距地表深0.9米。内填五花土，土质疏松（图六；照片二）。

内置双棺，棺木已朽，东棺长1.72米，宽0.5~0.56米，残高0.23米。棺内骨架保存较完整，头北足南，面向上，仰身直肢葬，墓主颅骨较大，眉弓发达，初步推断为男性；西棺长1.7米，宽0.44～0.58米，残高0.24米。棺内骨架保存较完整，头北足南，面向西，仰身直肢葬，墓主骨架纤细，颅骨较小，初步推断为女性。

随葬品 铜钱3枚。标本M3:1，西棺出土2枚；标本M3:2，东棺出土1枚，锈残不识，无法辨认。

M4位于发掘区的中南部，西邻M3，南北向，方向356°，为长方形竖穴土圹双棺墓，开口于①层下。墓底距地表深1.1米，墓室长2.46米，宽1.46～1.56米，墓口距地表深0.9米。内填五花土，土质疏松（图七；照片三）。

内置双棺，棺木已朽，东棺长0.55米，宽0.2米，残高0.23米。在墓室北段发现烧骨，未发现葬具；西棺长1.72米，宽0.52～0.78米，残高0.17米。棺内骨架保存较完整，头北足南，面向上，仰身直肢葬，墓主骨架硕大，眉弓发达，初步推断为男性。

随葬品 黑釉瓷罐(M4:1)1件，另出土铜钱1枚。

1.黑釉瓷罐 1件，标本M4:1，西棺出土，完整，方圆唇，短颈，溜肩，弧腹，下腹渐收，平底，圈足，口部露胎，胎质细腻，整个器物施一层黑色釉，釉色较稀薄，足部露胎，器体内壁见修坯痕迹。口径10.2厘米、最大腹径15.4厘米、底径12厘米、高15厘米（图五，1；照片四）。

2.铜钱 1枚，"万历通宝"。标本M4:2，锈残，圆形，方穿，正、背面有圆郭，正面铸"万历通宝"四字，楷书，对读，背面无纹。直径2.5厘米、穿宽0.6厘米、郭宽0.2厘米，重3.48克（图八，2）。

M6位于发掘区的中南部，西南邻M3，

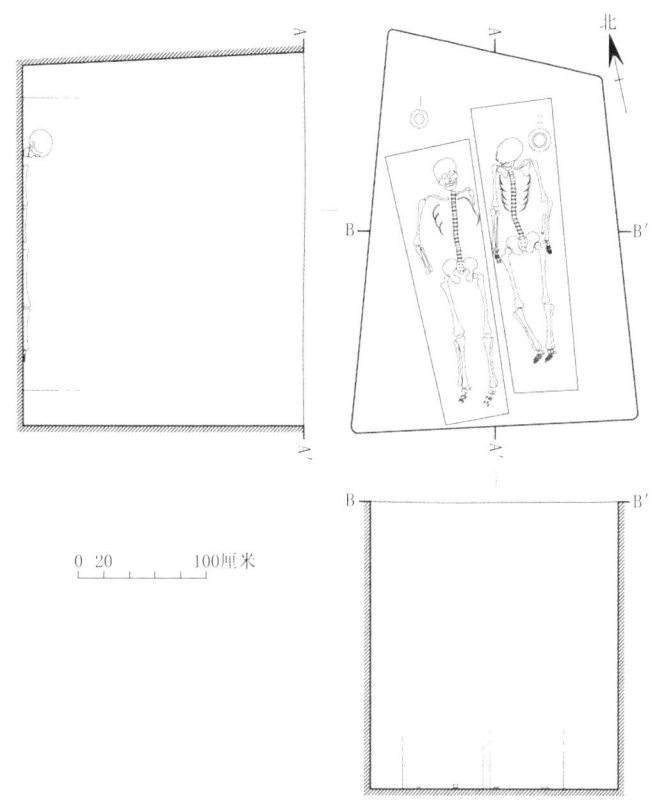

图四 M2平、剖面图
1.半釉陶罐 2.灰陶罐

南北向，方向349°，为长方形竖穴土圹双棺墓，开口于①层下。墓底距地表深1.1米，墓室长2.44米，宽1.6～1.72米，墓口距地表深0.88米。内填五花土，土质疏松（图九）。

内置双棺，棺木已朽，东棺长1.66米，宽0.32～0.38米，残高0.22米。棺内骨架保存较完整，头北足南，面向下，直肢葬，墓主颅骨较大，眉弓发达，初步推断为男性；西棺长1.9米，宽0.32～0.48米，残高0.25米。棺内骨架保存较完整，头北足南，面向上，仰身直肢葬，墓主骨架纤细，颅骨较小，初步推断为女性。

随葬品 铜钱1枚。

"政和通宝"。标本M6:1，锈残，圆形，方穿，正、背面有圆郭，正面铸"政和通宝"四字，篆书，对读，背面无纹。直径2.9厘米、穿宽0.7厘米、郭宽0.3厘米，重5.65克（图八，1）。

考古研究

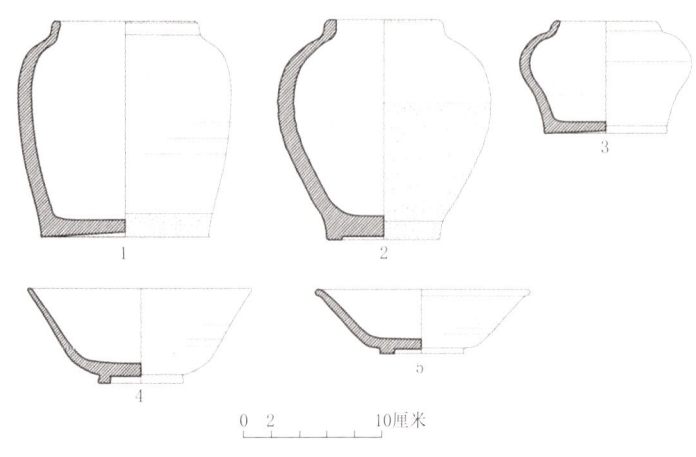

图五　出土器物
1.黑釉瓷罐(M4:1)　2.半釉陶罐(M2:1)　3.灰陶罐(M2:2)
4.酱釉瓷碗(M7:1)　5.白釉瓷碗(M12:1)

（三）三棺墓

1座。长方形竖穴土圹墓。编号M1。

M1位于发掘区的中南部，北邻M2，南北向，方向355°，为长方形竖穴土圹三棺墓，开口于①层下。墓底距地表深1.68米，墓室长2.54米，宽2.46～2.56米，墓口距地表深0.6米。内填五花土，土质疏松（图一〇）。

内置三棺，棺木已朽，东棺长2.12米，宽0.55～0.6米，残高0.16米。棺内骨架保存较散乱，头北足南，面向东，仰身直肢葬，墓主骨架硕大，眉弓发达，初步推断为男性；中棺长2.08米，宽0.56～0.75米，残高0.21米。棺内骨架摆放散乱，头北足南，面向东，葬式不详，墓主骨架纤细，颅骨较小，初步推断为女性；西棺长1.98米，宽0.54～0.74米，残高0.2米。棺内骨保存较完整，头北足南，面向西，仰身屈肢葬，墓主骨架纤细，颅骨较小，初步推断为女性。

无随葬品。

二、清代墓葬

清代墓葬共发掘8座，编号为M7～M14，为长方形竖穴土圹墓。可分为单棺墓、双棺墓，其中M7、M13、M14为单棺墓，M8、M9、M10、M11、M12为双棺墓，出土随葬品20件（不含铜钱），其中瓷器2件、银器18件。另出土铜钱20枚。

（一）单棺墓

3座。为长方形竖穴土圹墓。编号M7、M13、M14。

M7位于发掘区的中北部，北邻M8，南北向，方向28°，为长方形竖穴土圹单棺墓，开口于①层下。墓底距地表深1.06米，墓室长3.44米，宽1.2～1.38米，墓口距地表深0.8米。内填五花土，土质疏松。棺内未发现骨架葬具。故推断为搬迁墓（图一一）。

随葬品 酱釉瓷碗(M7:1)1件，另出土铜钱4枚。

1.酱釉瓷碗 1件，标本M7:1，残，敞口，尖圆唇，斜弧腹，近底急收，平底，

照片一　半釉陶罐（M2:1）

照片二　M3俯视

圈足，足底露牙黄色粗胎，器物通体外施一层酱色釉，釉色较稀薄，内部施一层乳白色釉，内底刮釉，器体外部见修坯痕迹。口径16厘米、底径6厘米、高6.6厘米（图五，4；照片五）。

2. 铜钱4枚。

"嘉庆通宝"1枚。标本M7:2-1，锈残，圆形，方穿，正、背面有圆郭，正面铸钱文"嘉庆通宝"四字，楷书，对读，背面穿左右铸满文"宝源"二字，纪局名。钱径2.4厘米、穿宽0.6厘米、郭宽0.3厘米，重3.9克（图八，7）。

"道光通宝"1枚。标本M7:2-2，锈残，圆形，方穿，正、背面有圆郭，正面铸钱文"道光通宝"四字，楷书，对读，背面穿左右铸满文"宝源"二字，纪局名。钱径2.2厘米、穿宽0.6厘米、郭宽0.4厘米，重3.39克（图八，8）。

"光绪通宝"1枚。标本M7:2-3，锈残，圆形，方穿，正、背面有圆郭，正面铸钱文"光绪通宝"四字，楷书，对读，背面穿左右铸满文"宝源"二字，纪局名。钱径2.1厘米、穿宽0.5厘米、郭宽0.25厘米，重2.2克（图八，9）。

"宣统通宝"1枚。标本M7:2-4，锈残，圆形，方穿，正、背面有圆郭，正面铸钱文"宣统通宝"四字，楷书，对读，背面穿左右铸满文"宝泉"二字，纪局名。钱径1.9厘米、穿宽0.4厘米、郭宽0.25厘米，重2.2克（图八，10）。

M13位于发掘区的中北部，北邻M14，南北向，方向205°，为长方形竖穴土圹单棺墓，开口于①层下。墓底距地表深

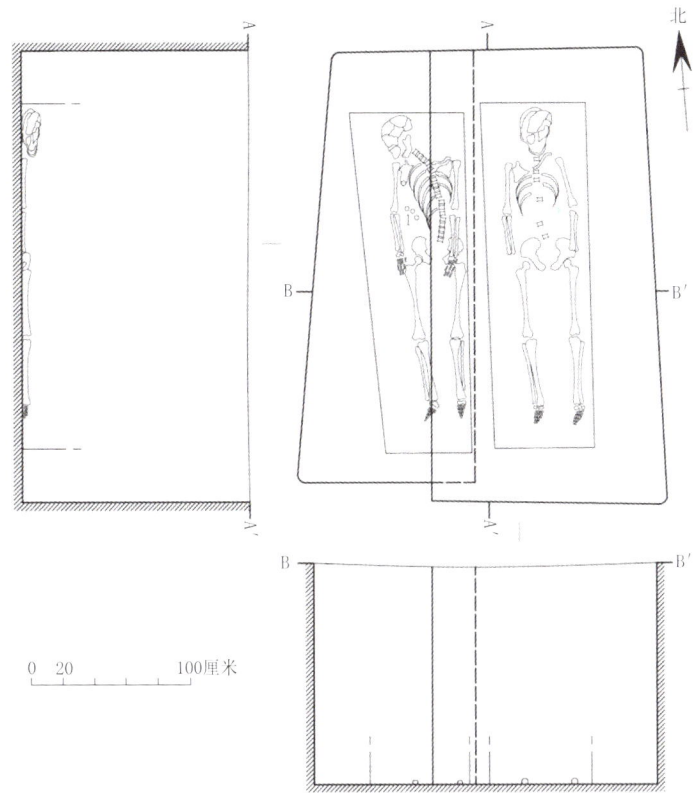

图六 M3平、剖面图
1.铜钱

照片三 M4俯视

照片四 黑釉瓷罐（M4:1）

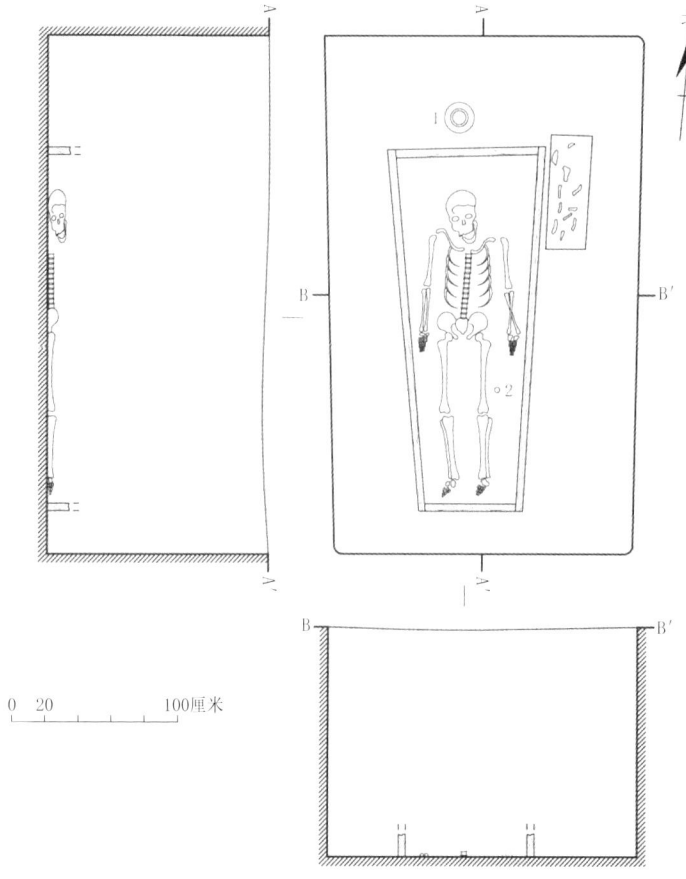

图七　M4平、剖面图
1.黑釉瓷罐　2.铜钱

1.4米，墓室长2.5米，宽0.94~1.02米，墓口距地表深0.82米。内填五花土，土质疏松（图一二）。

内置单棺，棺木已朽，棺长1.84米，宽0.52~0.72米，残高0.1米。棺内骨架保存较完整，头北足南，面向东，仰身直肢葬，墓主颅骨较大，眉弓发达，故推断为男性。

随葬品　铜钱2枚。

标本M13:1，为清代铜钱"光绪通宝"。

M14位于发掘区的中北部，南邻M13，南北向，方向213°，为长方形竖穴土圹单棺墓，开口于①层下。墓底距地表深0.94米，墓室长2.5米，宽1~1.1米，墓口距地表深0.74米。内填五花土，土质疏松（图一三；照片六）。

内置单棺，棺木已朽，棺长1.86米，宽0.6~0.78米，残高0.15米。棺内骨架保存较完整，头南足北，面向东，仰身直肢葬，墓主颅骨较大，眉弓发达，故推断为男性。

随葬品　铜钱10枚。

标本M14:1，为清代铜钱"宣统通宝"。

（二）双棺墓

5座。为长方形竖穴土圹墓。编号M8、M9、M10、M11、M12。

M8位于发掘区的中北部，南邻M7，南北向，方向37°，为长方形竖穴土圹双棺墓，开口于①层下。墓底距地表深1.04米，墓室长2.66米，宽1.72~2.12米，墓口距地表深0.8米。内填五花土，土质疏松（图一四；照片七）。

内置双棺，棺木已朽，东棺长1.82米，宽0.64~0.7米，残高0.22米。棺内骨架保存较完整，头南足北，面向下，仰身直肢葬，墓主颅骨较大，眉弓发达，初步推断为男性；西棺长1.96米，宽0.54~0.82米，残高0.25米。棺内骨架保存较完整，头北足南，面向上，仰身直肢葬，墓主骨架纤细，颅骨较小，初步推断为女性。

随葬品　器物6件，另出土铜钱3枚：铜钱(M8:1)、银戒指(M8:2、M8:3)、银耳环(M8:4、M8:5)、银簪(M8:6、M8:7)。

1. 银戒指　2件（照片八）。标本M8:2，西棺出土，锈残，整体为圆环形，素面无纹。直径2厘米（图一五，10）；标本M8:3，西棺出土，锈残，整体为圆环形，素面无纹。直径2厘米（图一五，11）。

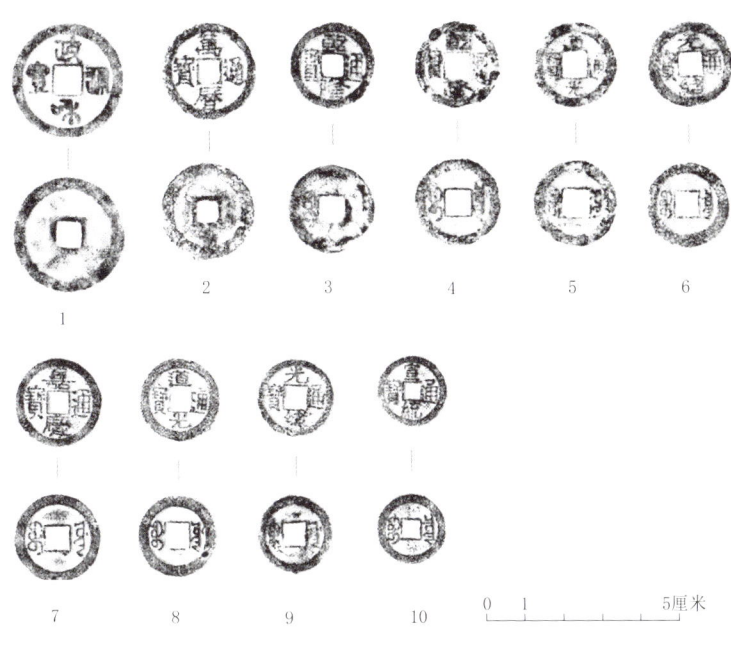

图八 出土铜钱
1.政和通宝(M6:1) 2.万历通宝(M4:2) 3.乾隆通宝(M10:3) 4.乾隆通宝(M8:1-1)
5.道光通宝(M8:1-2) 6.光绪通宝(M8:1-3) 7.嘉庆通宝(M7:2-1) 8.道光通宝(M7:2-2)
9.光绪通宝(M7:2-3) 10.宣统通宝(M7:2-4)

2. 银耳环 2件（照片九）。标本M8:4，西棺出土，锈残，环首部为圆形托，素面无纹，底部与环体焊接，环体呈"S"形圆柱体，尾尖。通长5.4厘米（图一五，8）；标本M8:5，西棺出土，锈残，环首部为圆形托，素面无纹，底部与环体焊接，环体呈"S"形圆柱体，尾尖。通长5.4厘米（图一五，9）。

3. 银簪 2件。标本M8:6，西棺出土，锈残，簪首为禅杖形，杖首呈葫芦状，已断落。簪体呈细长圆柱状，尾尖细。残长

照片五 酱釉瓷碗（M7:1）

14.4厘米（图一五，6；照片一〇）；标本M8:7，西棺出土，锈残，簪首为圆形，可分为两层。用银丝在圆环内镶嵌成"福"字，行体，背面鎏刻"合顺"二字，簪体呈圆柱体，尾尖。上层直径1.5厘米、下层直径2.7厘米、通长12.7厘米（图一五，1；照片一一）。

4. 铜钱 3枚。

"乾隆通宝"1枚。标本M8:1-1，锈残，圆形，方穿，正、背面有圆郭，正面铸钱文"乾隆通宝"四字，楷书，对读，背面穿左右铸满文"宝泉"二字，纪局名。钱径2.2厘米、穿宽0.6厘米、郭宽0.3厘米，重2.97克（图八，4）。

"道光通宝"1枚。标本M8:1-2，锈残，圆形，方穿，正、背面有圆郭，正面铸钱文"道光通宝"四字，楷书，对读，背面穿左右铸满文"宝源"二字，纪局名。钱径2.25厘米、穿宽0.65厘米、郭宽0.3厘米，重2.26克（图八，5）。

"光绪通宝"1枚。标本M8:1-3，锈残，圆形，方穿，正、背面有圆郭，正面铸钱文"光绪通宝"四字，楷书，对读，背面穿左右铸满文"宝泉"二字，纪局名。钱径2.15厘米、穿宽0.55厘米、郭宽0.3厘米，重3.07克（图八，6）。

M9位于发掘区的中北部，西邻M8，南北向，方向53°，为长方形竖穴土圹双棺墓，开口于①层下。墓底距地表深1.4米，墓室长2.62米，宽1.88～2米，墓口距地表深0.6米。内填五花土，土质疏松（图一六）。

内置双棺，棺木已朽，东棺长1.92

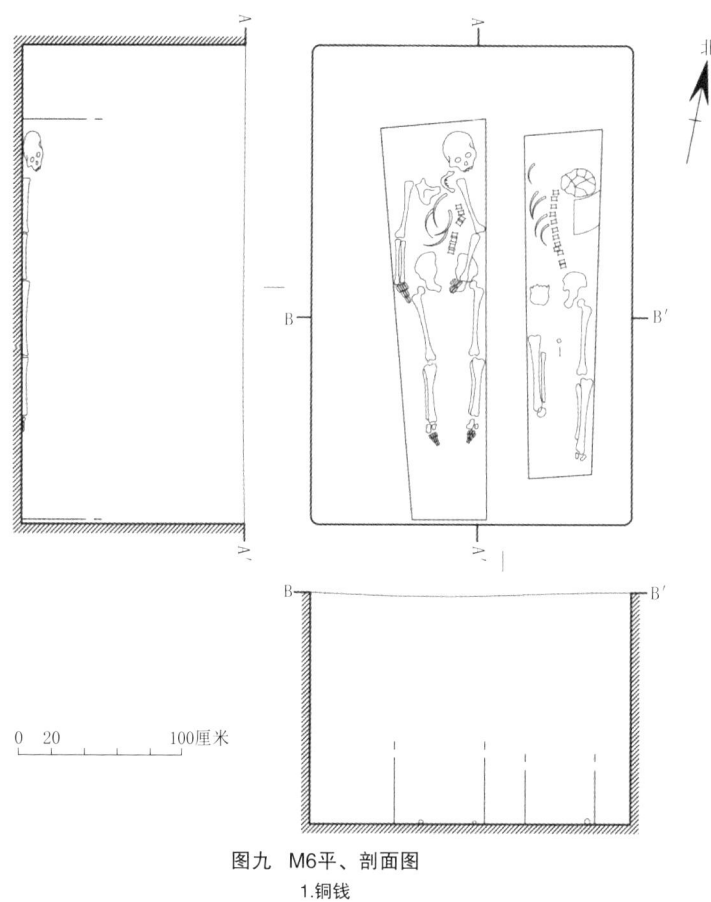

图九 M6平、剖面图

米，宽0.54~0.68米，残高0.18米。棺内骨架保存较完整，头北足南，面向西，仰身直肢葬，墓主颅骨较大，眉弓发达，初步推断为男性；西棺长1.98米，宽0.5~0.6米，残高0.16米。棺内骨架保存较完整，头北足南，面向上，仰身直肢葬，墓主骨架纤细，颅骨较小，初步推断为女性。

随葬品 器物6件：鎏金银耳环（M9:1、M9:2）、银簪（M9:3、M9:4、M9:5）、银押发（M9:6）。

1. 鎏金银耳环 2件（照片一二）。标本M9:1，西棺出土，锈残，椭圆花瓣形簪体，环首一端呈圆柱体，尖细，一端呈扁长方形，通体鎏金，局部脱落，内部錾刻"吉祥"二字。直径2.2厘米（图一七，6）；标本M9:2，西棺出土，锈残，椭圆花瓣形簪体，环首一端呈圆柱体，尖细，一端呈扁长方形，通体鎏金，局部脱落。直径2.2厘米（图一七，7）。

2. 银簪 3件。标本M9:3，西棺出土，锈残，簪首呈蝴蝶状，用银片锤揲而成，镂空花卉纹，簪体呈圆柱体，尾尖。簪体与簪首脱落。簪首直径3.8厘米、通长10.4厘米（图一五，7）；标本M9:4，西棺出土，锈残，簪首与簪体脱落。簪首为圆形花瓣状，可分两层，用银丝在圆环内掐成"寿"字，篆体。簪体为圆柱体，尾尖。上层直径1.6厘米、下层直径2.4厘米、通长13.4厘米（图一五，2）；标本M9:5，西棺出土，锈残，簪首为圆形花瓣状。可分两层，用银丝在圆环内掐成"寿"字，篆体。簪体为圆柱体，尾尖。上层直径1.6厘米、下层直径2.4厘米、通长13.4厘米（图一五，3）。

3. 银押发 1件。标本M9:6，西棺出土，锈残，呈扁平方形，中间束腰，两端均弯曲略弧，侧视呈"M"形，正面两端饰花卉纹，呈对称形状，背部较平滑无纹。宽0.5~0.8厘米、厚0.2厘米、通长6.5厘米（图一七，5；照片一三）。

M10位于发掘区的中北部，东邻M11，南北向，方向199°，为长方形竖穴土圹双棺墓，开口于①层下。墓底距地表深1.1米，墓室长2.58米，宽1.66~1.74米，墓口距地表深0.7米。内填五花土，土质疏松（图一八）。

内置双棺，棺木已朽，东棺长1.7米，宽0.4~0.52米，残高0.12米。棺内

照片六 M14俯视

照片七 M8俯视

骨架保存较完整,头南足北,面向下,仰身直肢葬,墓主骨架纤细,颅骨较小,初步推断为女性;西棺长1.84米,宽0.54~0.7米,残高0.12米。棺内骨架保存较完整,头南足北,面向上,仰身直肢葬,墓主骨架较大,眉弓发达,初步推断为男性。

随葬品 器物2件,另出土铜钱1枚:银簪(M10:1)、银扁方(M10:2)、铜钱(M10:3)。

1. 银簪 1件。标本M10:1,锈残,簪首为花瓣形,底托为五瓣式,底托内用银丝掐成花朵及花蕊,花蕊内镶嵌有一玻璃饰品。簪体呈圆柱状,尾尖。簪首直径2.6厘米、通长7.2厘米(图一七,4;照片一四)。

2. 银扁方 1件。标本M10:2,东棺出土,锈残,簪体呈长方形,下端呈圆形,簪首弯曲二周半,呈圆柱体,簪体扁长,

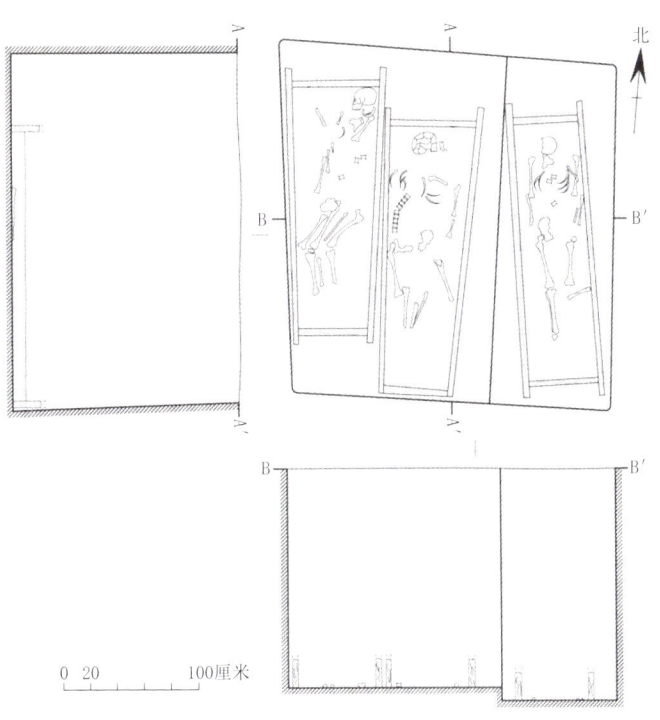
图一〇 M1平、剖面图

簪首錾刻一蝙蝠,簪体与簪尾錾刻一对花卉纹,背部刻有铭文"瑞元"二字。长16.3厘米、宽0.8~1.1厘米(图一七,

2)。

3. 铜钱 1枚。

"乾隆通宝" 1枚。标本M10:3，锈残，圆形，方穿，正、背面有圆郭，正面铸钱文"乾隆通宝"四字，楷书，对读，背面穿左右铸满文"宝泉"二字，纪局名。钱径2.25厘米、穿宽0.5厘米、郭宽0.3厘米，重3.06克（图八，3）。

M11位于发掘区的中北部，东邻M12，南北向，方向215°，为长方形竖穴土圹双棺墓，开口于①层下。墓底距地表深1.2米，墓室长2.6米，宽1.4~1.98米，墓口距地表深0.7米。内填五花土，土质疏松（图一九）。

内置双棺，棺木已朽，东棺长1.88米，宽0.4~0.6米，残高0.1米。棺内骨架保存较完整，头南足北，面向北，仰身直肢葬，墓主骨架纤细，颅骨较小，初步

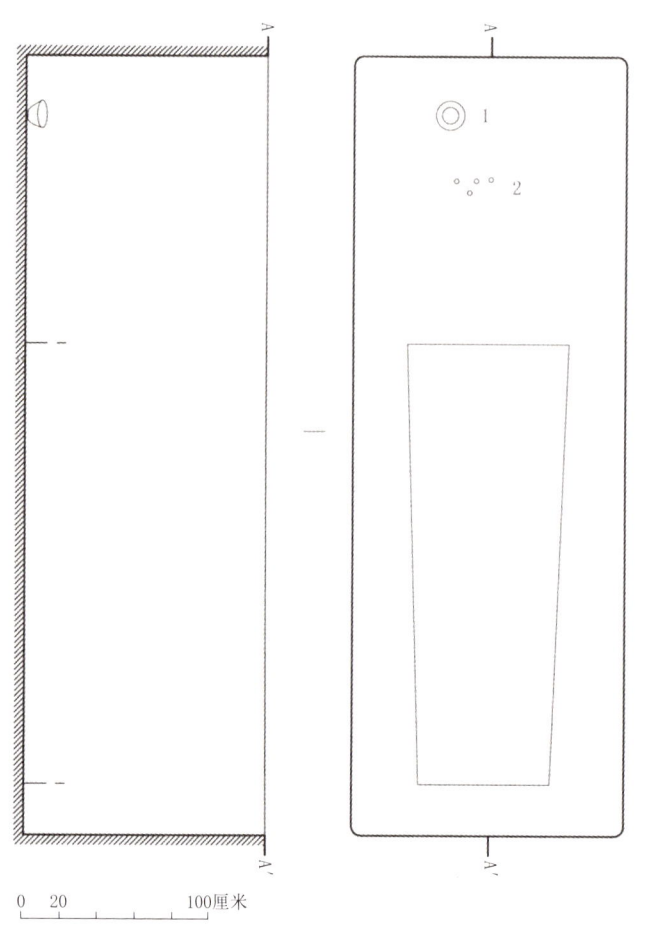

图一一 M7平、剖面图
1.酱釉瓷碗 2.铜钱

照片八 银戒指（M8:2、M8:3）

照片九 银耳环（M8:4、M8:5）

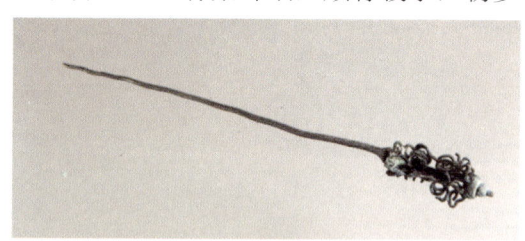

照片一〇 银簪（M8:6）

照片一一 银簪（M8:7）

北京市昌平区朱辛庄明清墓葬发掘简报

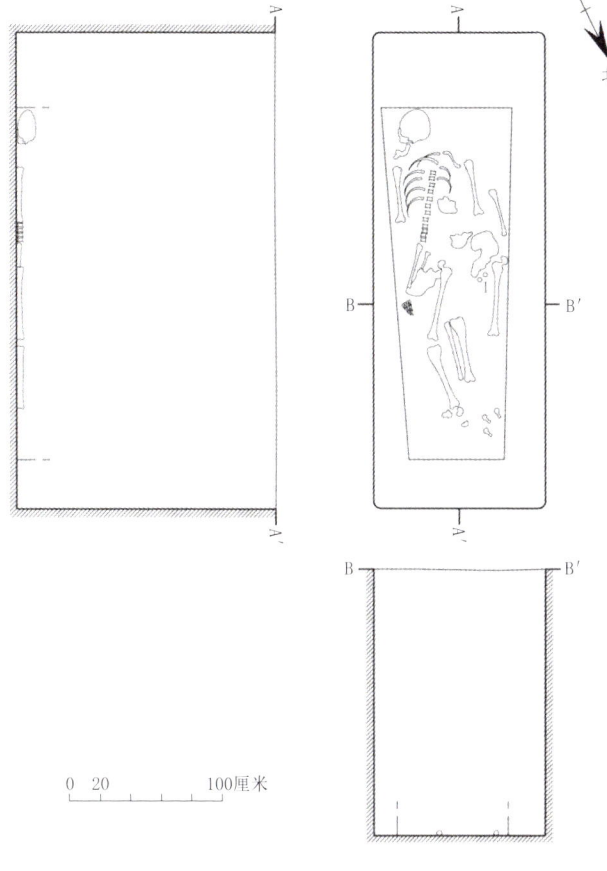

图一二 M13平、剖面图
1.铜钱

照片一二 鎏金银耳环（M9∶1、M9∶2）

照片一三 银押发（M9∶6）

推断为女性。西棺长1.9米，宽0.46～0.58米，残高0.1米。棺内骨架保存较完整，头南足北，面向上，仰身直肢葬，墓主骨架较大，眉弓发达，初步推断为男性。

随葬品　仅出土银扁方（M11∶1）。

银扁方　1件。标本M11∶1，东棺出土，锈残，簪体呈长方形，下端呈圆形，簪首弯曲一周半，呈圆柱体，簪体扁长，簪首錾刻一蝙蝠，簪体与簪尾錾刻一对花草纹，背部刻有铭文"萬口足文"四字。长16.2厘米、宽0.8～1厘米（图一七，1；照片一五）。

M12位于发掘区的中北部，西邻M11，南北向，方向225°，为长方形竖穴土圹双棺墓，开口于①层下。墓底距地表深0.98米，墓室长2.6米，宽1.4～1.98米，墓口距地表深0.82米。内填五花土，土质疏松（图二〇）。

内置双棺，棺木已朽，东棺长1.88米，宽0.46～0.52米，残高0.12米。棺内骨架保存较完整，头南足北，面向东，仰身直肢葬，墓主骨架纤细，颅骨较小，初步推断为女性。西棺长1.8米，宽0.52～0.64米，残高0.12米。棺内骨架摆放散乱，头南足北，面向北，仰身直肢葬，墓主骨架硕大，眉弓发达，初步推断为男性。

随葬品　器物4件：白釉瓷碗(M12∶1)、银簪(M12∶2、M12∶3)、银扁方(M12∶4)。

1.白釉瓷碗　1件。标本M12∶1，残，敞口，方圆唇，斜弧腹，近底急收，平底，圈足，器物通体外施一层乳白色釉，局部有滴釉现象。釉色较稀薄，内部施一层釉浆水，器体外部见修坯痕迹。口径14.5厘米、底径6厘米、高4.8厘米（图五，5；照片一六）。

2.银簪　2件。标本M12∶2，东棺出土，锈残，簪首为圆形花瓣状。可分两

· 87 ·

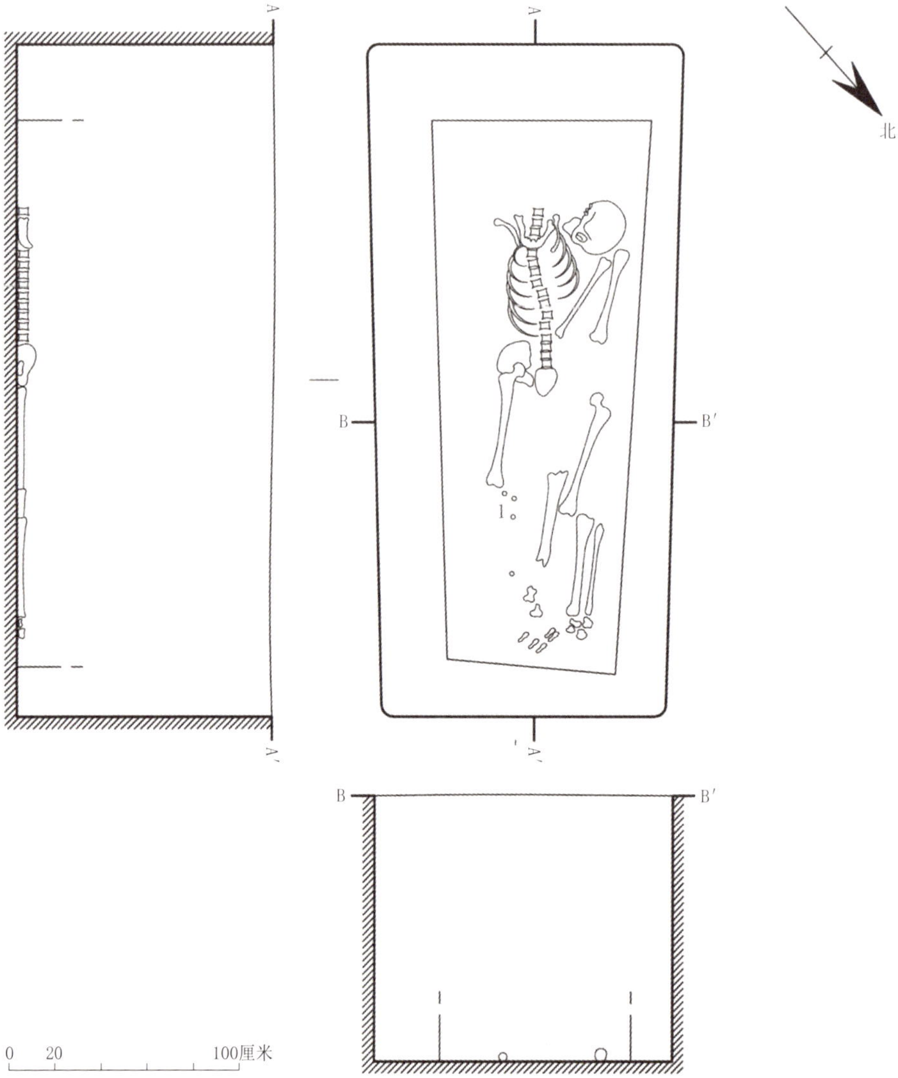

图一三　M14平、剖面图
1.铜钱

照片一四　银簪（M10：1）

照片一五　银扁方（M11：1）

图一四　M8平、剖面图
1.铜钱　2、3.银戒指　4、5.银耳环　6、7.银簪

照片一六　白釉瓷碗（M12:1）

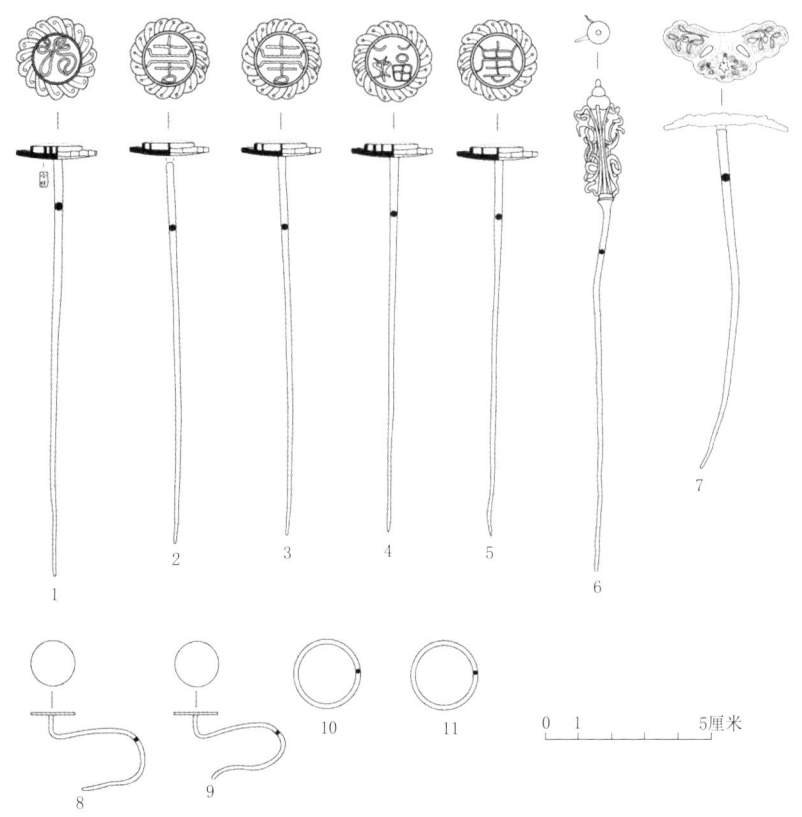

图一五 出土银器

1—7.银簪(M8:7、M9:4、M9:5、M12:2、M12:3、M8:6、M9:3) 8—9.银耳环(M8:4、M8:5) 10—11.银戒指(M8:2、M8:3)

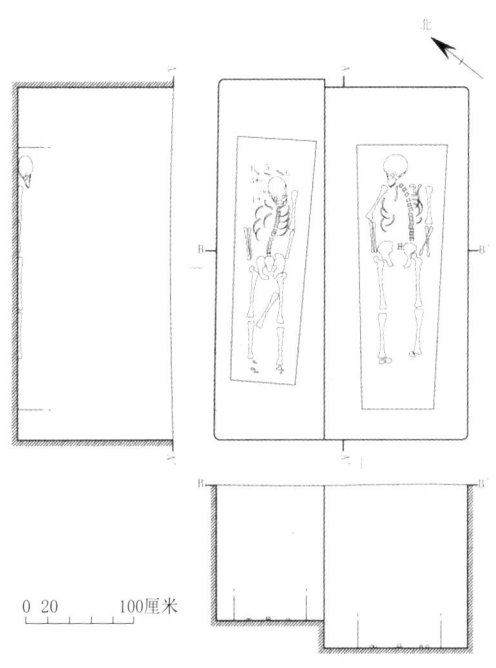

图一六 M9平、剖面图

1、2.鎏金银耳环 3、4、5.银簪 6.银押发

层,用银丝在圆环内掐成"福"字,篆体。簪体为圆柱体,尾尖。上层直径1.6厘米、下层直径2.4厘米、通长11.4厘米(图一五,4);标本M12:3,东棺出土,锈残,簪首为圆形花瓣状。可分两层,用银丝在圆环内掐成"寿"字,篆体。簪体为圆柱体,尾尖。上层直径1.6厘米、下层直径2.4厘米、通长11.5厘米(图一五,5)。

3. 银扁方 1件。标本M12:4,东棺出土,锈残,簪体呈长方形,下端呈圆形,簪首弯曲二周半,呈圆柱体,簪体扁长,簪首錾刻一"寿"字图案,簪尾錾刻一蝙蝠。长12.8厘米、宽1.2~1.5厘米(图一七,3)。

三、结语

此次发掘的明清墓中,明代墓葬M1~M6位于发掘区的南部,清代墓葬

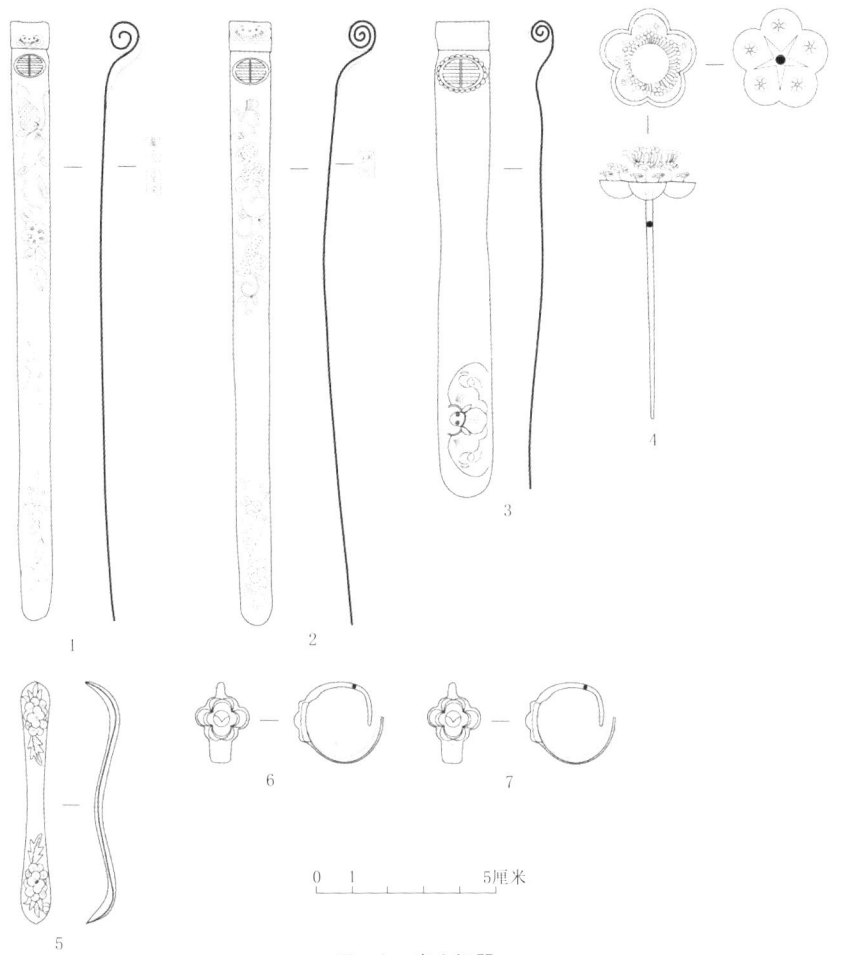

图一七 出土银器
1-3.银扁方(M11:1、M10:2、M12:4) 4.银簪(M10:1) 5.银押发(M9:6) 6-7.鎏金银耳环(M9:1、M9:2)

M7～M14位于发掘区的北部。明代墓葬有单棺墓、双棺墓和三棺墓,但明显分为两个小组,其中M1、M2为一组,位于发掘区的西南部,M3～M6为一组,位于发掘区的东南部。从这两组明代墓葬的分布上来推测,应该属于两个不同的家族。

发掘区北部的清代墓葬分为单棺墓、双棺墓,虽然数量相对较多,但总体上比较集中,排列方式有规律可循,大约以M14为顶点向东西两侧斜向分布,总体上呈"人"字形。另外,结合这些墓葬中出土有不少清代晚期铜钱,推测此次发掘的清代墓葬很有可能属于清代晚期同一个家族的墓地。

通过对昌平区朱辛庄明清墓的发掘,使我们对该地区明清墓葬的特点有了一定的认识,了解到了这里的丧葬习俗,为进一步研究该地区的社会发展状况提供了实物资料。

发　掘：于璞 王策
器物摄影：王殿平
绘　图：同新
执　笔：于璞 王策 周宇 杨菊

――――――――――
①北京市文物研究所:《朝阳区豆各庄与昌平朱辛庄窑址发掘简报》,《北京文博文丛》2016年第4辑。

考古研究

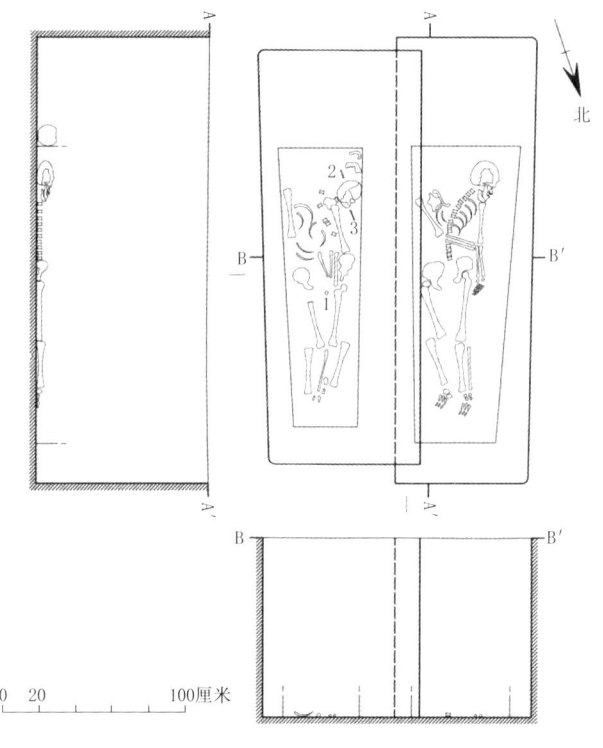

图一八 M10平、剖面图
1.铜钱 2.银簪 3.银扁方

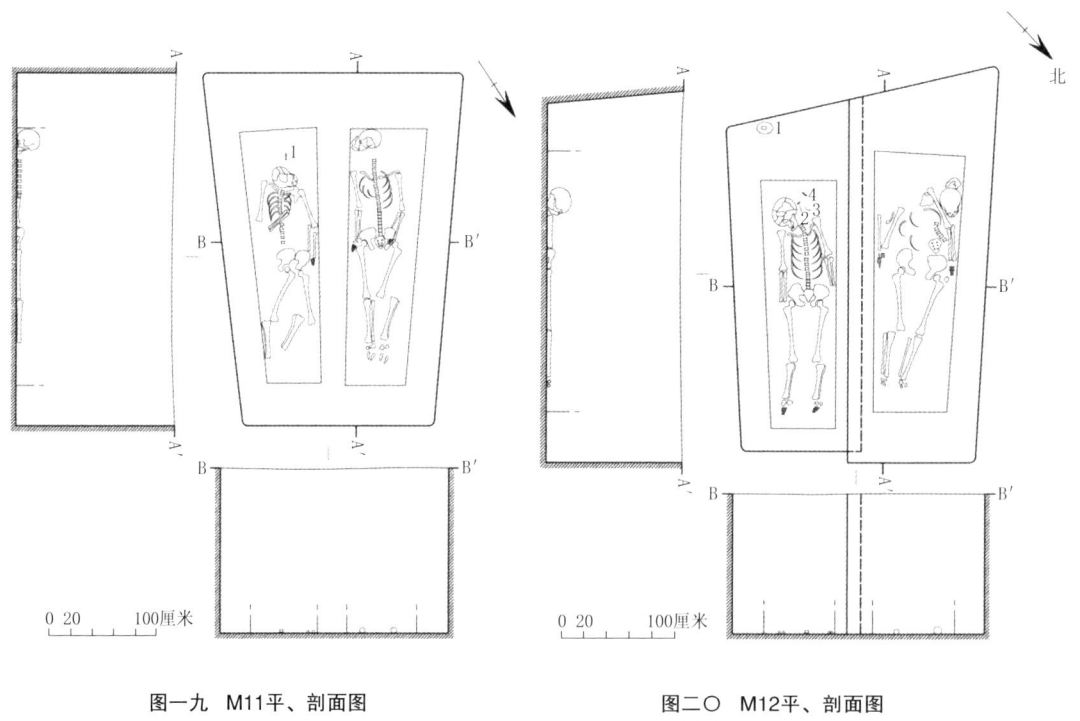

图一九 M11平、剖面图
1.银扁方

图二〇 M12平、剖面图
1.白釉瓷碗 2、3.银簪 4.银扁方

文物展览用可拆解式黄铜支架的设计与制作

刘彦琪

一、以往文物支架存在的问题

在博物馆展陈工作中，设计和制作文物支架，可以提升展品的展陈效果，并起到防震的作用，确保文物在展览中的安全。目前较为主流的支架主要有两种，即亚克力支架和金属支架。前者在当前的展览中使用广泛，但其存在若干不足，例如亚克力材料与青铜、石质文物的质感不够搭配，亚克力材料的裁切需要专业设备，黏结需要使用三氯甲烷等有机溶剂等。金属支架常用的材料有不锈钢、黄铜等。出于文物保护的原因，不锈钢支架不宜用于青铜文物或铁质文物，因此黄铜材料较适合作为文物展览支架的制作材料，一些世界知名的博物馆如大都会博物馆、弗里尔博物馆都广泛使用黄铜材料的文物支架。

然而，在目前使用广泛的黄铜支架中，通常是将若干黄铜部件焊接成整体以支撑文物，这种做法制成的支架虽然整体性好，但仍有若干缺点。例如，图一为焊接成型技术制成的黄铜支架，主要由臂部和抓手接触和固定文物，支撑杆插入展台或展柜立壁，将支架和文物固定。图二为制作方法，将黄铜部件用夹具固定，然后使用钎料、助焊剂和焊枪将各个黄铜部件焊接成一个整体。如图三，与文物装配时，为了便于文物嵌入支架，只将抓手3、4预先折弯成型，然后将文物摆放在支架上，再将抓手1、2折弯，文物被夹持在支架上（图四）。从这个案例可见焊接成型的黄铜支架有如下缺点：其一，折弯抓手1、2时，文物不能脱离支架，可能造成文物局部的受压磨损。其二，为了便于抓手1、2的折弯，需要将该部位退火软化，将文物摆放到位后，再折弯1、2将文物固定，虽然黄铜部件在折弯时会产生加工硬化，但效果有限，这就使得支架对文

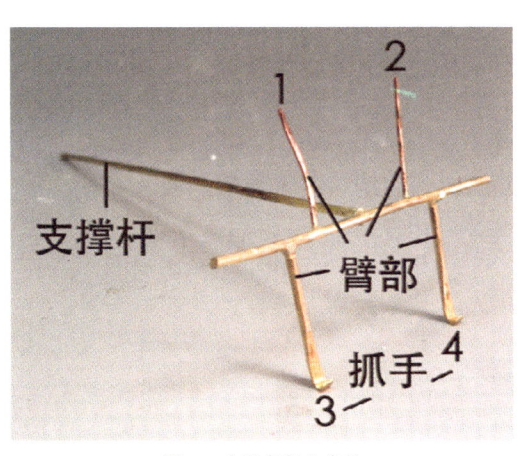

图一 支架各部位名称

图二 焊接法制作支架

用硬钎焊工艺，使用含有银、铜、锌、锡的合金焊片，即银钎料，在低于黄铜熔点、高于钎料熔点的温度下，利用液态钎料在黄铜表面润湿、铺展和在黄铜间隙中填缝，与黄铜相互溶解与扩散，而实现黄铜零件间的连接。在这个过程中需要确保黄铜零件受热良好，否则无法焊接牢固，较小的黄铜零件可以使用手持喷火枪完成焊接，稍粗大的黄铜零件就需要乙炔气罐和焊枪等专业设备，增加了操作的难度和危险性。

二、解决措施

为满足博物馆的安全管理的要求，上述硬件条件往往难以达到，焊接效果也依赖经验，为解决上述问题，笔者对现有的支架制作技术进行改进，制成的黄铜支架不使用焊接，而是将加工好的若干零件钻孔搭接后再用螺丝、螺母紧固，工具和操作简单，更利于学习和技术的推广。以下以残石雕佛头的支架设计制作为例（图五），讲述其设计理念、制作材料与工艺流程。

1. 工具与材料

图六为本文所述支架制作所用工具与材料。其中：1为铁砧，用于黄铜零件的锻造；2为热缩管，用于黄铜支架表面的封护，防止文物磨损，也防止支架与文物之间发生电化学腐蚀；3为钣金锤，与

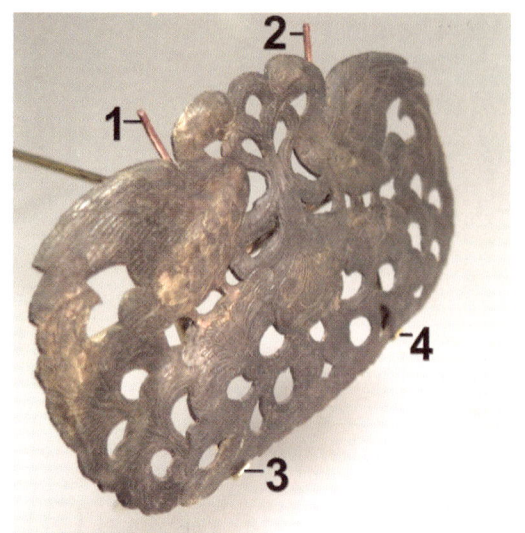

图三　焊接成型的支架的使用方式

图四　支架与文物装配完毕

物的抓持牢度有限，一旦发生地震或展柜的剧烈晃动，重心偏移的文物就可能从支架上脱落而造成损毁。其三，制作好的支架为一个整体，展览结束，欲将文物从支架上取下，需再次将抓手1、2拉直，如再次展陈文物，该部位需再次被折弯，反复的折弯与拉直造成金属疲劳断裂，影响支架的使用寿命及文物安全。其四，焊接成整体的支架无法拆解，占用空间大，不易收纳，比较适合于常设展览，对于经常需要外展的文物，焊接成型的支架因其不易包装携带，往往不能随着临展文物反复使用，不但降低了展览制作的效率，也导致展览资源的重复投入而造成浪费。最后，也是限制众多博物馆制作和使用黄铜支架的原因，即是焊接成型的黄铜支架需要使

图五　需要支架支撑的残石雕佛头的多视图

铁砧配合锻造黄铜零件；4为喷火枪，用于给黄铜零件退火处理，降低其硬度、细化晶粒、消除组织缺陷，减少黄铜零件在折弯、锤击过程中的裂纹倾向；5为锉刀，用以磨锉黄铜零件机械加工后的毛刺；6为钢钳，黄铜零件退火时用钢钳夹持以防烫伤，折弯黄铜零件时也需要各种尺寸的钳子，钢钳把手越长越省力；7为各种直径的黄铜圆棍与扁棍，是制作支架的基础材料；8为各种直径的螺丝、垫片与螺母；9为超硬钻头；10为户外野营所用丁烷安全防爆气罐；11为手电钻；12为热风枪；13为钢冲；14为砂带机；15为台钳；16为尼龙画笔；17为丙烯颜料；18为地图胶。

图六　本文所述支架制作方法所需工具和材料

2. 基础零件的加工

准备好上述必备材料与工具，即可按照图七所示流程，给石雕佛头制作支撑系统。首先选择适当尺寸的黄铜棍作为制作支架的基材，铜棍直径越大，支撑文物的安全性、稳定性越好，但是隐形效果越差，影响文物的美观和展陈效果，因此需要根据文物的重量、尺寸选择粗细适合的黄铜棍。如图七：1，将手持喷火枪连接丁烷安全气罐，集中火焰加热铜棍尖端，直至红炽，通过此步操作，使铜棍的硬度降低，便于锤锻。如图七：2，将黄铜棍横置于铁砧上，用钣金锤敲击数次，使黄铜棍一端变扁。如图七：3，敲击数次后需要对锤锻过的黄铜棍进行再次退火，以防其加工硬化后被继续锤击而形成裂纹。如图七：4，将再次退火后的黄铜棍进行再次锤锻，使其尖端进一步压扁。如图七：5为完成锻造的黄铜零件。如图七：6，将锻造后的黄铜零件用砂带机磨去毛刺与锤印。如图七：7，将锻造后的黄铜零

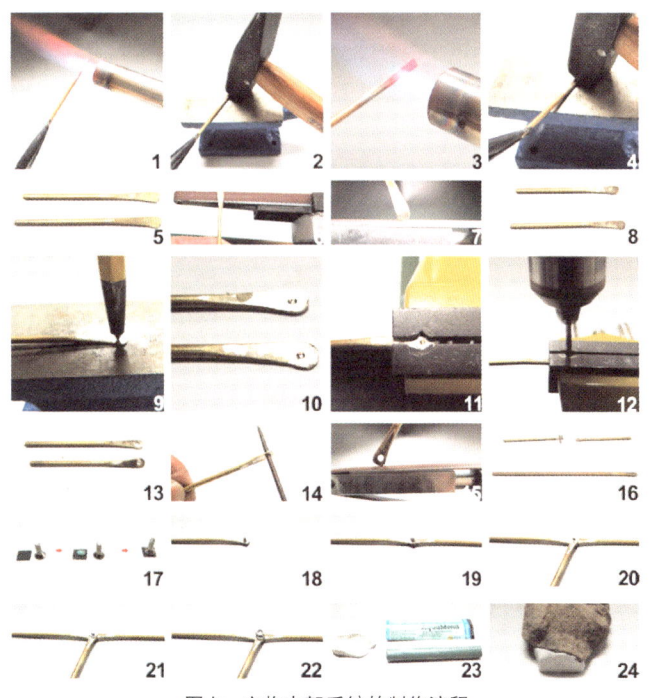

图七　文物支架系统的制作流程

件的尖端用砂带机磨圆，防止其划伤文物。如图七：8为砂带机处理后的黄铜零件。如图七：9，将黄铜零件置于铁砧，用钢冲对准经过锻造压扁部分的中心，用钣金锤敲击钢冲，在黄铜零件上留下图七：10所示冲击痕迹，其目的是使钻头对准此处打孔，防止钻头高速旋转时偏移错位。如图七：11，将需要钻孔的黄铜零件夹持在台钳上。图七：12，手电钻安装超

硬钻头后，对准黄铜零件的冲击痕迹打孔。图七：13为完成打孔的黄铜零件。图七：14，用锉刀清除黄铜零件被打孔后形成的毛刺。图七：15，在砂带机上抛光黄铜零件，磨去其表面被台钳夹持形成的毛刺。图七：16为上述石雕佛头支架所需的全部黄铜零件。对于截面直径较小的黄铜棍，将其尖端锻造扁平的目的是获得较大的平面以便加工穿孔安装适当截面的螺丝。三个黄铜零件互相搭接，钻孔互相对齐，穿入不锈钢螺丝进行连接。为防止不锈钢螺丝头接触文物，造成划伤或者被螺丝可能生成的锈蚀污损，使用图七：17的方法隔离不锈钢螺丝与文物。将PET热缩管裁剪成方片状，用地图胶黏结于不锈钢螺丝头。PET材料在文物与螺丝之间形成缓冲层。如图七：18，将螺丝穿入黄铜零件一。如图七：19，将螺丝穿入黄铜零件二。如图七：20，将螺丝穿入黄铜零件三。如图七：21，将垫片穿过不锈钢螺丝。如图七：22，将螺母旋入螺丝，螺母紧固后即可将三个黄铜零件连接在一起。在使用黄铜零件制作支架之前，还需先制作文物托块，其作用是增大文物与展台的接触面积，使文物更容易保持重心稳定。其使用的材料及最终制成品如图七：23，使用美国PSI公司生产的双组份环氧胶棒，该材料广泛用于文物补全，拆开包装后为固体棒状，为内外两层的夹心状，外层为树脂材料、内层为固化剂，用刀切下适量，撕去塑料薄膜，揉捏均匀PSI树脂胶即可用于造型。在需要接触环氧树脂的文物表面用食品保鲜膜隔离，将文物按照重心稳定的角度放置在揉捏均匀的PSI树脂胶上并适度按压，树脂胶便将需要支撑的文物断面的形状复印下来。小心除去树脂胶表面的保鲜膜，以防破坏树脂胶复印下来的文物断面的形状。半小时后树脂胶放热固化，不再有黏性，即制作完成。如图七：24，制作完成的树脂托块能够与需要支撑的文物断面吻合。

3. 支架的设计理念

文物支架的作用是使展陈中的文物处于正确的摆放位置，即文物在原有使用状态下所处的角度。例如，图五所示佛头，其原本位于石窟立壁，在展柜内依然将其竖立摆放在正确的位置。如果将其横卧放置，文物的空间感被弱化，由于近大远小的透视作用使其被观看时形成严重的变形，后期调整展柜照明时，也无法通过光影将佛像的立体感烘托出来。光影的混乱无法展现佛造像应有的神态与气质。佛头的正确摆放位置确定后，也就限定了我们的支架设计。展览支架的结构设计理念可以用三个词概括：稳定、安全、隐蔽。确保被支架固定的文物在展柜晃动甚至地震时依然稳定，不会脱离支架而造成损毁。确保文物材质的安全，支架不与文物发生化学反应。在保证文物稳定与安全的前提下，支架结构应力求极简，易于安装拆

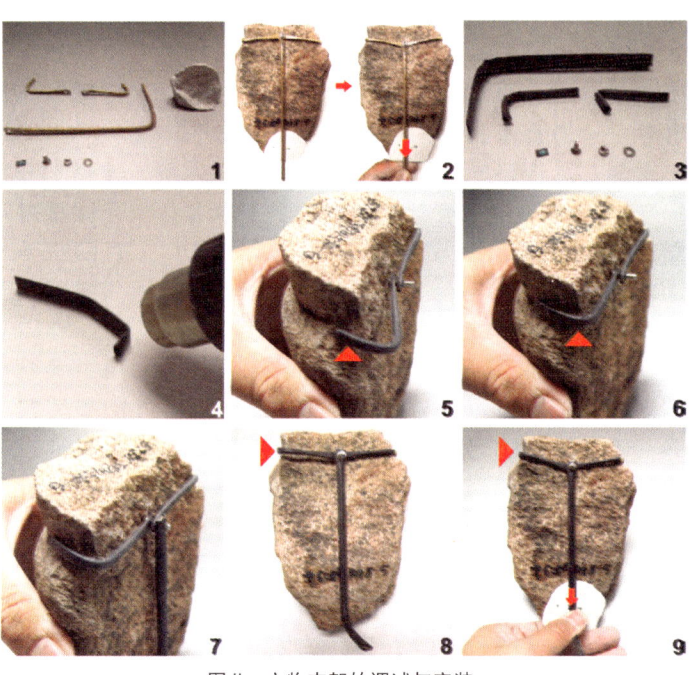

图八　文物支架的调试与安装

解,视觉上不喧宾夺主,尽量做到隐蔽,从正面观看文物时,应只看到细小的支架抓手,支撑杆和支架臂应隐藏在文物背面或阴影中,不使支架结构过多暴露而破坏文物的展陈效果。

4. 支架成型与调试

在上述设计理念的指导下,我们将支架抓手夹持于佛造像上最不显眼且能够稳固夹持的位置,使其位于佛头顶端与发髻衔接的转角部位。如图八:1,将前文所述黄铜零件锻打成与文物造型匹配良好的支架零件。如图八:2,为确保文物支架嵌入文物时不会磨损文物,支架臂应能灵活调整角度,而文物嵌入支架后,又可以通过调整零件间的连接角度,将文物锁紧卡牢,不至于从支架上脱落。如图八:3,为防止文物被支架磨损和污染,支架和文物之间使用PET热缩管作为缓冲材料。该材料化学性质稳定、电绝缘性优良、耐摩擦、耐有机溶剂、阻燃、耐冲击、无毒无味,可直接用于食品包装。80—120℃会发生收缩,冷却后定型。如图八:4,使用热风枪加热套上热缩管的黄铜棍,数秒钟后热缩管收缩,紧箍在黄铜棍表面。由于加工工艺中不使用黏结剂,避免了在支架上黏结缓冲胶垫可能给文物保存环境带入有害的酸性物质。如图八:5,被热缩管封护过的支架即可开始安装调试,图中红色记号所指部位可见抓手与文物之间留有较大余量,文物能够轻易地嵌入支架而不被磨损,如图八:6。图八:7,将支撑杆与卡爪上的螺丝连接。如图八:8,将垫片与螺母紧固在螺丝上,这时的支架卡爪依然松弛,文物能够从卡爪之间脱落。如图八:9,将支撑杆下拉,两卡爪间的角度得以调整,两卡爪间距缩短,文物即被牢牢锁定。由于各个部件之间通过螺丝与螺母连接,螺母未紧固时,支架各部件间角度容易调整,当支架与文物间的受力稳定,再将螺母紧固,使支架的结构固定。最后使用丙烯颜料对支架卡爪进行着色旧化,使其颜色质感接近于文物。图九为本文所述文物使用可拆解黄铜支架支撑后的展览效果,配合展厅照明,该佛造像的空间感和材料质感得到加强,佛头神秘的微笑也体现出该文物的内涵,获得了良好的展陈效果。而支架本身,由于合理的结构设计,在展览中处于隐蔽的位置,如果未经专门提示,观众甚至不会注意到支架的存在。

5. 其他支架案例的分析

图一〇、图一一为北京大学赛克勒考古与艺术博物馆文物展览中使用可拆解式黄铜文物支架支撑后的文物展陈效果。支架的制作材料与工艺与本文所述案例相同。观展中并不容易察觉支架的存在,在感官上,文物以一种反重力的形态竖立或"悬浮"于空中,再配合光影造型,使文

图九 展览中被支撑的文物

图一〇 支架支撑后的残造像

图一一　隐形支架支撑后的瓦当残片

物的质感、空间感和体量感被强化，由于其摆放的角度与其原始的使用方式一致，观者在视觉心理上便会对残缺部分进行想象性的补全，所体验到的便不再是零散的碎片，从而使展陈效果得以提升。

三、结语

本文所述可拆解式黄铜支架，所有部件皆经过加工硬化再装配成整体用于支撑文物，一旦发生展柜晃动或地震导致文物重心偏移时，支架抓手依然可以为文物提供有力的抓持。卡爪折弯过程脱离文物，不以文物为模具进行支架部件的弯折，不会损伤文物。使用后的支架可以打开螺丝与螺母，拆解成若干零部件，便于收纳，可与文物一同存放在文物包装盒内。另外，拆解和再次使用支架时无须对支架上的抓手部位进行反复的拉直与弯折，较之传统的黄铜焊接支架，使用寿命更长、安全性更高。由于使用热缩管制作缓冲层使支架材料与文物隔离，一方面确保文物表面不被擦划，也确保支架不会与文物发生化学反应，热缩管制成的缓冲层无须使用黏结剂，避免了黏结剂中的有害气体和酸性物质污染展柜内的微环境，支架在制作和使用过程中皆符合文物预防性保护的相关要求。

（作者单位：北京大学考古文博学院）

试谈3D打印技术在博物馆文创产品开发中的应用

马玉静

文物承载灿烂文明，传承历史文化，维系民族精神。博物馆文创产品开发是把文物所承载的文化元素和精神价值"提炼"成新的载体，使文化自然地融入人们生活，并成为"把博物馆带回家"的重要载体。近年来，国务院出台一系列政策法规鼓励文化创意产业发展，博物馆文创产品开发迎来了大好时机[1]。3D打印技术是一种以数字模型文件为基础，运用粉末状金属或塑料等可黏合材料，通过逐层打印的方式来构造物体的技术，因其"采集信息无需实际接触文物"和"个性化定制"等特点，已经被运用于博物馆文创产品开发中。3D打印技术在文创产品开发中的应用，简化了文物复制及文创产品开发的工艺流程，避免了直接翻模复制对文物本身的伤害；降低了个别复杂造型设计在前期所需要投入的高额成本，缩短了产品开发所耗费的时间；打破了文创产品设计开发中创意的局限，为其开启了巨大的创意设计空间。

一、国家博物馆3D打印文创产品开发案例

国家博物馆在文创产品开发方面不断开拓创新，以"互联网+博物馆"的新模式，与阿里巴巴集团等合作单位签署战略协议，打造"文创中国"线上平台；在新技术应用方面，2015年就探索将3D打印技术应用于文创产品开发等。文物仿制品是文创产品开发的方式之一，鉴于国家博物馆馆藏文物"宋代彩绘木雕观音菩萨坐像"颇受观众喜爱，因此文创产品开发尝试以此为原型，通过3D打印技术打印出与原文物1:5比例的光敏树脂模型，并在此模型基础上运用传统失蜡法工艺，开发出青铜材质的"观音菩萨坐像"文创产品，流程如下。

1. 3D模型生成：因"宋代彩绘木雕观音菩萨坐像"的体量较大，表面纹理包含很多的细微特征，因此采用FARO Laser

图一 三维数据模型

图二　3D打印光敏树脂模型

图三　3D打印模型基础上翻制的蜡模

Scanner Focus3D X330三维激光扫描仪来获取文物三维立体信息，通过计算机辅助设计或建模软件进行点云数据拼接、配准等，最终生成obj点云格式的3D数据模型（图一）。

2. 数据格式转换：目前三维激光扫描技术采集精度高，点云数据量大，超过3D打印能够接受的范围，如果直接输出到3D打印机，通常会导致各种各样的问题。因此，需要对3D数据模型进行数据优化处理，并转化为STL格式文件。STL是3D打印业内应用的标准文件类型，它以小三角面片（即三角网格）为基本单位离散地近似描述三维实体模型的表面，用来表示封闭的面或者体。

3. 切片计算：通过计算机辅助设计技术对三角网格格式的3D模型进行数字"切片"，将其切为一片片的薄层，每一层对应着将要3D打印的物理薄层。

4. 打印路径规划：切片所得到的每个虚拟薄层都反映着最终打印物体的一个横截面，在之后3D打印中打印机需要进行类似光栅扫描式填满内部轮廓，因此，需要规划出具体的打印路径，并对其进行合理的优化，以得到更快更好的切片打印效果。

5. 3D打印：3D打印机根据上述切片及切片路径信息来控制打印过程，采用光敏树脂打印材料，并设置与实物原型1:5的比例，打印出每一个薄层并层层叠加，直到最终打印物体成型（图二）。

6. 翻模复制：在3D打印的光敏树脂模型基础上翻制蜡模（图三），再以蜡模为原型复制成文创产品"青铜观音菩萨坐像"（图四）。

二、3D打印在博物馆文创产品开发中的应用优势

博物馆文创产品主要服务于消费者，购买者一方面是在参观博物馆及展览后，想通过购买文创产品达到纪念和回忆的心理需求；另一方面由于博物馆文创产品承载文化信息，兼具审美和实用功能，满足了观众对文化的渴求心理，观众更愿意把这种既饱含情感又体现文化素养的物质载体带回家。成功的文创产品往往既有传统

文化元素的表现，又符合当今的时代审美，还融入了最新的科技，兼具实用功能。因此，博物馆文创产品开发应不断探索应用新的技术，将现代技术和传统工艺有效结合起来，开发出具有本馆特色、独具一格的文创产品，树立品牌意识。3D打印技术在博物馆文创产品开发中具有以下优势。

（一）简化文创产品开发的工艺流程

文物仿制品是博物馆文创产品开发的类型之一，主要是指以馆藏文物为原型，按不同比例、材质生产的仿制品。对于立体的文物，传统的做法一般是采用翻模或塑形、雕刻等，直接翻模会将材料残留在文物表面，对文物造成不同程度的损害；塑形、雕刻等需要专业技术精湛的师傅，材料、人工的成本高，花费的时间较长。

3D打印技术解决了这一难题。首先，在不直接接触文物本身的条件下，配合三维数据采集技术获取文物的精准三维信息，并通过数字软件和特定的材料，将文物造型和纹饰直接打印出来，实现文物的复制输出。其次，3D打印技术可以实现与原文物等大或成比例缩小、放大的输出，这是在原文物上进行翻模复制所不能实现的。

鉴于3D打印材质的局限性以及成本因素等，博物馆文物仿制品开发一般利用3D打印技术并选用适合、成本低的材质将文物三维数字模型打印输出，之后在3D打印的模型上进行翻模复制，就可以得到想要的特定材质文创产品，从而保护了文物本身，简化了文创产品开发的工艺流程。国家博物馆"青铜观音菩萨坐像"文创产品的开发，即是此种方式。

（二）在三维数字文件的基础上做创意设计

博物馆文创产品设计师进行创新设计时，需要考虑文物的主题文化特征、制造工艺及大众审美等，有时会出现某些设计造型因为加工制造工艺不能达到而放弃。随着3D打印技术的发展与应用，产品造型出现了多样性，提升了产品形状和物质构成的复杂程度；作品的设计理念在数字化后非常易于修改和完善，电脑端修改后的数据可以立即在打印设备上原物重现，简化了原本艰涩重复的创作修正过程，使设计更高效。

随着个人消费市场的快速升级，越来越多的观众希望拥有属于自己的独一无二的定制产品。博物馆文创产品开发利用3D打印技术及对三维数字模型进行二次开发设计，可以实现个性化定制等。观众可以选择自己喜欢的文化符号元素，通过3D打印将其呈现到某一件文创产品上，满足消费者对独特性的追求，为消费者提供了全新的体验方式。2016年的"5·18国际博物馆日"，宜宾市博物院举办文化创意开发成果展示，引入3D打印技术，现场制作文创产品，选取清代著名女画家左冰如的

图四　青铜观音菩萨坐像

四幅花鸟屏,作为此次设计的主要依托和灵感来源。清新自然的花鸟图被3D打印到晴雨伞、丝巾中,不仅将文化元素融入到生活中,还顿时让日常用品增添了几分文艺气息,受到观众的盛赞。

(三) 降低生产成本,节约能耗

传统的产品加工制造方式是减材制造,减材类似雕塑,在生产过程中大量原材料被浪费;而3D打印技术属于增材制造,通过原材料一层层堆叠累加而生成二维立体的实物。增材制造技术不需要传统的刀具、夹具及多道加工工序,利用三维模型数据在一台设备上可快速而精确地制造出任意复杂形状的造型,从而实现"自由制造"。3D打印技术所需原料只是减材制造的十分之一,而且省却废料回收等成本,这将大大降低产品的生产成本,节约能耗。

最近,荷兰梵·高艺术博物馆利用3D打印技术,成功复制了包括《向日葵》在内的多幅梵·高最为知名的画作。通过3D打印技术复制的油画,不仅在图画内容和颜色上更加贴近原作,在油画质地和纹理上也能达到惊人的相似程度,比其他复制方式节约了颜料成本,对于热爱油画却无法承担艺术品高昂价格的梵·高迷来说是个福音,还可以用作辅助教育,为学生提供近距离接触艺术名作的机会。

三、3D打印技术在博物馆文创产品开发中的局限性

近年来,全球掀起了一场发展3D打印技术的热潮,英国著名的《经济学人》杂志最近这样描述3D打印技术的前景:"这是一种新型的生产方式,将推动第三次工业革命。"[2]然而,任何一门科学技术在其形成初期显示出强大优势的同时,也存在相应的缺陷。现阶段3D打印技术也有其局限性。

(一) 打印精度有待提高

首先,3D扫描的精度能精确到亚微米级,点云数据量过大,而3D打印机支持的打印精度偏低,导致需要对点云数据进行优化处理,才能实现打印输出。

其次,3D打印技术是分层制造,每个层次虽然很薄,但在一定微观尺度下,仍会形成具有一定厚度的一级级"台阶",如果需要制造的对象是圆弧形,就会造成精度上的偏差,需要在"打印"成型后再进行表面的打磨处理。

(二) 打印材料的局限性

目前,3D打印机使用的材料非常有限,主要包括石膏、尼龙、光敏树脂、陶瓷、金属等,打印种类和性能受到限制。耗材的局限性也直接影响到3D打印的价格,假设"青铜观音菩萨坐像"文创产品采用3D金属打印方式制作的话,与传统修复和复制所制作出来的模型相比,则存在成本过高的问题。但如果是采用3D打印模型批量生产的方式,在3D打印模型基础上采用传统的翻模复制方式,既降低了生产成本,又保护了文物。

(三) 技术人才的培养

3D打印技术在博物馆应用上还属于新技术,面临的最大制约在于设备操作人才的培养。操作人员对设备和软件的熟练度决定了可以将三维扫描和3D打印应用到何种范围和程度。特别是博物馆文物不可再生的特殊性,对设备操作人员要求更高,不仅需要有软件图形处理能力,还需要有一定的文物保护修复知识,对文物历史有所了解,这些都是新技术在人员与设备磨合过程中存在的难点。

(四) 知识产权问题

当使用3D打印技术对文物进行更为便捷的复制时,知识产权也面临新的挑战。若不通过法律手段约束,则任何人都可以通过市场上流通的文创产品轻易获取文物的仿制品。

张百成在《博物馆藏品的著作权归谁享有》一文中对藏品的著作权归属问题、藏品再创作中的著作权问题、藏品仿制中的著作权问题有明确的描述[3]。因博物馆

文物多为古人著作，藏品绝大多数已经不受著作权保护，属于公共所有。但公立博物馆作为受国家委托对藏品进行保管和使用的公共机构，从文物保护法的角度抑或调和社会公共利益、促进国家文化发展的著作权立法理念和精神层面，通常情况下是通过其内部专门机构对藏品进行首次复制、发行等。从实践看，3D扫描和打印是将立体的藏品制作成立体的复制品，往往容易被认定是单纯的、无融入创造性劳动的复制行为，不会产生新的著作权。

目前，我国著作权法中对于实用艺术作品（具有实用性、艺术性并符合作品构成要素的智力创作成果）的保护及复制权中异形复制（不同于原作品载体和表现形式的复制）的问题态度比较模糊，暴露了我国著作权立法的局限性。这使得利用相关版权法律作为判定3D打印行为是否侵权的依据仍存在一定障碍。因此为适应新技术发展要求，国家应尽快建立3D打印知识产权保护体系。

此外，在数字化网络时代，作品可被迅速快捷地复制和传播，对此版权人也要加强"技术措施"的管理，通过设置密码、加密或者其他防止对受保护客体进行非法复制而采用的装置和技术等，完善3D打印数据模型文件的有效管理，从源头上进行风险防控。

四、结语

3D打印技术应用于博物馆文创产品开发，能够给观众提供全新的体验和分享方式，借此拉近人与文化遗产之间的距离，实现让藏在禁宫里的文物"活"起来的目标。就博物馆自身而言，如何充分利用3D打印等新技术，改进和提高博物馆文创产品的开发方式，并对其进行更多的创新性设计，是博物馆文创产品开发工作者们急需思考和解决的问题。

现阶段，3D打印作为技术发展的产物，应该与传统技术优势互补，使文创产品开发焕发出新的生命力。国家在鼓励先进技术发展的同时，也应注意不因新技术发展而损害相关权利人的利益。因此，应尽快建立3D打印知识产权保护体系，正确引导3D打印技术发展，使其成为博物馆文创事业发展的助推器。

---

① 杨晓琳：《新常态下博物馆文创授权研究——以中国国家博物馆为例》，《经济师》2017年第7期。

② 张晓青：《3D打印技术应用于文物复制的可行性研究》，北京印刷学院硕士学位论文，2014年。

③ 张百成：《博物馆藏品的著作权归谁享有——以故宫博物院为例的博物馆藏品著作权法律问题探析》，《中国文化报》2013年7月30日第11版。

（作者单位：中国国家博物馆）

带博物馆文化回家

——浅析北京文博交流馆文创产品的开发思路

杨 薇

近年来,国家陆续出台相关政策,鼓励博物馆进行文创产品的开发。习近平总书记在2013年12月强调:"系统梳理传统文化资源,让收藏在禁宫里的文物、陈列在广阔大地上的遗产、书写在古籍里的文字都活起来。"2015年出台的《博物馆条例》中明确指出:"国家鼓励博物馆挖掘藏品内涵,与文化创意、旅游等产业相结合,开发衍生产品,增强博物馆发展能力。"博物馆文创产品已经成为了宣传和展示博物馆文化的重要载体,也是"让文物活起来"的途径之一。博物馆工作人员力求将馆藏文物之美凝聚在每一件文创产品上,让游客在选购文创产品的同时,带博物馆文化回家,并通过这些精美的文创产品,能够记住文物之美,回想起在博物馆中度过的美好时光。

北京文博交流馆(以下简称文博馆)是一座古建遗址类博物馆,它以智化寺为依托,既承担着保护古建筑本体的职责,又肩负着可移动文物保藏、研究、展览、教育等博物馆职能,兼具了文物保护单位和博物馆的二元属性。在文创产品的开发思路上,古建遗址类博物馆有别于单纯的文物保护单位,也不同于新建馆舍的博物馆,能够借助更多的文化资源开发出具有本馆特色的文创产品。鉴于文博馆的具体情况,我们充分依托古建筑、京音乐、馆藏文物等多重文化资源,并与文创设计公司合作,运用先进的设计理念进行产品的开发,逐渐摸索出了具有本馆特色的文创产品。本文试以文博馆为例,共同探讨近些年来我馆文创产品的开发思路。

一、利用古建本体开发文创产品

中国古建筑是祖先留给后人的珍贵文化遗产,其朴实的艺术、合理的结构、精细的做工,蕴涵了许多能工巧匠和先贤圣哲的奇思妙想,其艺术和精神财富都是无可估量的。古建遗址类博物馆可以充分发挥这一优势,利用古建本体开发出很多精美的文创产品。

(一)旋子彩画系列文创产品

我国木结构建筑的色彩装饰已有悠久的历史,最初仅在木材表面涂红色或黑色油漆,目的在于保护木质。后来由于统治阶级的追求,"雕梁画栋"的做法蔚然成风,彩画艺术便发展成为一种极具特色的装饰形式。智化寺作为明正统时期的建筑,其梁枋间所饰的彩画系明代官式青绿点金旋子彩画,是现存的明代彩画之佳例。智化寺旋子彩画以旋子花和如意纹为主,具有图案简洁、色调素雅、规范性较强的特点。其青绿的冷色调与相邻的大面积红色门窗、墙壁互相辉映,色彩鲜明悦目,对比效果十分强烈(图一)。从艺术效果看,旋子彩画构图繁简适中,线条与着色技法细腻,花瓣丰满,色彩以青绿为主，间以少许朱红，花蕊处贴金以求鲜艳醒目，于素雅中显出辉煌，显示出明代彩画端庄大气的特色。因此，我馆提取了旋子彩画的图案进行艺术加工，开发成多款文创产品（图二）。

旋子彩画系列是我馆较早开发的一批文创产品。这些产品突出了清新淡雅的明代旋子彩画图案，又具有一定的实用性，很好地宣传了博物馆古建筑文化，深受广大游客的喜爱。

（二）古建天花、藻井系列文创产品

除古朴典雅的旋子彩画之外，在智化寺古建内部装修中，天花和藻井也十分精美，蕴含着古代匠人高超的设计理念和卓越的审美追求。我馆充分利用古建筑天花和藻井的优美图案和美好寓意，生产开发出了多款文创产品。

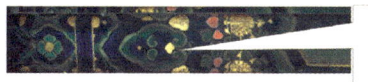

图一　智化寺旋子彩画及经过艺术加工的彩画图案

图二　以旋子彩画为元素开发出的系列文创产品

1. 天花系列文创产品

智化寺主要殿堂均采用井口天花，尤其以如来殿、万佛阁的天花彩画最为精美富丽。如来殿、万佛阁的天花有正方形、长方形和三角形等形制，主体图案以青绿色为地，局部图案以朱色为地。纹饰涉及缠枝莲花、佛教梵文、宝瓶宝珠、佛教八宝等，杂饰卷草纹样，中央书金色六字真言，古意盎然。

我馆依托如来殿、万佛阁的天花图案开发出了一系列文创产品，包含便笺本、书签、马克杯、收纳盒等，还设计了一款益智游戏——明代天花拼图，该拼图由84块组成，拼接完成后就是一幅精美的天花图案，该拼图难度适中，受到游客，特别是小朋友们的欢迎。

2015年，我们与景泰蓝厂商合作，制作出珐琅珀金的万佛阁长方形六字真言天花和正方形六字真言天花的文创产品，其中六字真言和卷草纹饰做了珀金勾边的艺术装饰。该文创产品把古建筑天花纹样与传统手工艺紧密地结合在一起，制作精美，富丽堂皇，成为收藏之佳品。同时，因为六字真言天花色彩艳丽、寓意吉祥，我馆将其作为博物馆馆际交往的礼品，赠送给国内外贵宾。

2016年，我馆与文创公司合作，设计了一款以天花为主要图案的丝巾。该丝巾的主要图案取自如来殿楼梯间的天花彩画（图三），并进行了适当的艺术加工。图案中心是金刚宝杵的纹饰，象征着智慧与吉祥；围绕着金刚杵的是一圈莲花纹样，象征着纯洁与高雅、清净和超然，也代表着美好、善良、圣洁之意。在丝巾的外围装饰图案中，又融合了古建筑中常见的卷草纹、如意云头纹等，可以说这款丝巾是对古建筑纹样的综合运用。虽然丝巾中包含着多种纹样，但设计的层次感分明，加之以淡蓝色为主要色调，使得丝巾整体感觉清新素雅、美观大方（图四）。丝巾因其图案美丽，携带方便，又具有多种佩戴方法，是深受女性喜爱的一款文化产品，也是馈赠亲友的绝佳礼品。

2. 藻井晴雨伞

藻井是坛庙建筑中内部顶棚的独特装饰部分，通常位于室内的上方，呈伞盖形，由细密的斗拱承托，多用水生植物作为装饰，因此藻井被赋予了镇火的功能。智化寺内原有三具藻井，分别位于智化

图三 如来殿楼梯间天花彩画

图四 天花丝巾成品

殿、万佛阁和藏殿。其中，智化殿、万佛阁藻井均系斗八式（由八根角梁组成的八棱锥顶）。特别是万佛阁藻井（图五），其四周均为木雕的天宫楼阁，表面贴金，藻井中心为一条矫健粗壮的团龙，盘绕垂首，俯视向下，整个藻井美轮美奂。智化殿藻井与万佛阁藻井形制基本相同，其区别在于井心处多加了一圈斗拱承托。著名建筑学家刘敦桢先生曾评论说："万佛阁之藻井，云龙盘绕，结构恢奇，颇似大内规制，非梵刹所应有。"遗憾的是，20世纪30年代初，这两具精美的斗八藻井都被盗卖到美国，如今，万佛阁藻井收藏在美国密苏里州堪萨斯城的纳尔逊—阿特金斯艺术博物馆，智化殿藻井收藏于美国费城艺术博物馆。

我馆在进行文创产品的开发时，首先利用万佛阁藻井的精美图案进行了方案设计，其次考虑到要充分利用藻井保护庇佑的寓意，同时也为了纪念遗失在海外的文物。基于以上三点理念，我们设计两款藻井图案的晴雨两用伞（图六）。晴雨伞均使用双层面料，里层图案采用了万佛阁藻井的图案，外层图案选择了单色系，并打上"敕赐智化寺"logo。外层颜色的选取上我们使用了黑、红两色，与智化寺的红墙黑瓦相互映衬。在晴雨伞的开合方式上，黑色晴雨伞采用了传统的折叠方式，可以放入包中随身携带；红色晴雨伞则采用了更为先进的反向折叠的设计理念，设计成直把雨伞。这款红色晴雨伞还有许多独到之处：首先，反向折叠的方式打破了

图五 万佛阁藻井

图六 藻井晴雨伞（红色）

传统雨伞的设计理念，解决了传统雨伞滴水、容易弄湿衣物、上下车不方便开合的弊端，避免了使用中的尴尬；其次，反向伞架的结构和透风孔的设计可以分解强风对伞面的推压力，避免伞骨被强风所破坏，达到防风的效果；再次，双层伞布的设计把伞架夹在中层，既避免了伞架裸露在外影响美观，又保护了伞架，从而延长使用寿命；最后，晴雨伞收起之后，八根伞骨可以起到支撑的作用，使伞稳稳地立于地面上，方便存放。由于红色晴雨伞颜色鲜艳，装饰性强，又采用较为先进的设计理念，因此受到了大家的普遍认可。

（三）利用古建外观和院内风景开发文创产品

中国古建筑具有独特的韵味，不论是庄严的大门、方正的庭院、宽敞的厅堂，还是室内的布置、院内种植的四季植物，都渗透着浓郁的文化气息，体现着古人的审美追求和生活情趣。以古建筑为基址的博物馆，其外观和院内风景都是绝好的宣传要素，可以充分利用，设计开发出文创产品。

1. 利用古建筑外观进行文创产品开发

古建遗址类博物馆可以利用有代表性的建筑外观和标志性的建筑本体进行文化创意。我馆开发了转轮藏、如来殿（万佛阁）等以古建筑外观为素材的纪念章，受到国内外游客的喜爱。

转轮藏位于智化寺的藏殿之内，高4米有余，是北京地区仅存的一具明代转轮藏。转轮藏呈八角形，由汉白玉石须弥底座、木质八面经橱及顶端面东而坐的毗卢遮那佛三部分组成。每面经橱又置9排5列抽屉以放佛经，每个抽屉表面刻有佛龛，龛内浮雕一尊释迦像。抽屉上书写千字文用于经书检索。经橱上的大鹏金翅鸟、龙女、鲸鱼及角柱上的童男坐骑、狮王、象王等，均雕刻精美。顶部的毗卢遮那佛，祥和优美、古朴典雅。整个转轮藏集雕刻、彩绘等精湛工艺于一身，是智化寺的镇馆之宝，堪称明代建筑的艺术瑰宝。

因此，我馆以转轮藏为题材开发设计了一枚纪念章，它勾画出了转轮藏的基本结构，又进行了一定的艺术加工。纪念章的配色采用了红、黄两色，上下呼应，突出细节，整体制作十分精美，展现出一种富丽堂皇的感观效果。

如来殿（万佛阁）为智化寺内体量最大、规格最高的建筑。如来殿（万佛阁）同一建筑而上下异称，下层如来殿为木质结构，上层万佛阁则为砖石结构，在古建筑营造史上亦属较为特殊之例。正是由于如来殿（万佛阁）具有诸多的独特之处，成为智化寺最具代表性的建筑，因此我馆将其设计成为纪念章。

2. 利用院内风景进行文创产品的开发

智化寺四季风景秀丽，春花秋叶，夏雨冬雪，我们用相机精心地记录着一年四季的岁月轮转，把这些精美的照片制成扑克牌、明信片，让大家在休闲娱乐的同时可以欣赏到智化寺最美的风景。

近年来，我们设计了一款以智化寺古建筑风景和智化寺京音乐为题材的特色工艺笔筒。笔筒的底层图案就来自智化寺第二进院落春夏之交繁花盛开时的美丽景色，同时加上了智化寺京音乐的乐器和《清江引》的曲谱，把古建与古乐完美融合。该产品以仿水晶瓦石浮雕为表现手法，制成旋转笔筒，通过360度旋转，多角度、全方位、立体地呈现出历史悠久的智化寺的文化信息，同时又具有笔筒的实用功能。2012年，这款笔筒在第九届"北京礼物"旅游商品大赛中，荣获民族文化与首都景区景点等地域特点的旅游纪念品类优秀奖。

二、依托智化寺京音乐进行的文化创意

智化寺不仅以恢宏的建筑著称于世，还保留有空灵而古朴、被誉为"中国古代音乐活化石"的智化寺京音乐。智化寺京音乐源于唐宋的教坊音乐，由明朝宫廷音

乐、民间音乐和佛教音乐构成，自明代建寺之初从宫廷传入，570多年间，通过师徒口传心授的方式坚守和传承，仍然保留着明朝早期的音乐风格。2006年，智化寺京音乐被列入第一批国家级非物质文化遗产名录，同时保留下来的京音乐曲牌、曲目、乐器等，都具有十分珍贵的艺术价值和学术价值。

正因智化寺京音乐历经五百年，经久不衰。因此我们投入了很多精力以京音乐为文化资源来进行文创产品的设计开发，并将京音乐系列文化创意产品定义为我馆的主打品牌之一。

（一）京音乐系列纪念章

京音乐系列纪念章一共制作了两套，分别取材于京音乐的乐器、乐谱和京音乐经典曲目、演奏音乐的乐工形象，纪念章一经推出，就受到了广大游客的喜爱。

该套智化寺京音乐纪念章设计巧妙，集京音乐的演奏乐器、工尺谱、五线谱等多种元素于一体，并采取了拼图的形式进行纪念章的排列（图七）。既直观地体现出笙、管、笛、云锣、鼓等京音乐的主奏乐器，又将古老的工尺谱与现代的五线谱相互对照，方便观众识读辨认。

另一套纪念章由京音乐经典曲目《清江引》和两名乐工组成（图八）。《清江引》是智化寺京音乐的入门曲目，曲调悠扬婉转，优美动听。纪念章上的曲谱是智化寺京音乐传承人手抄工尺谱的翻刻版，具有一定的收藏价值。此外，两名乐工采用卡通人物的形象来表现，他们身着宫廷服饰，表情和动作都富于喜感，表现出音乐带给人的快乐。该套纪念章是人物、曲谱、乐器的组合，蕴含了智化寺京音乐的多种元素，在体现博物馆文化的同时，也满足了游客的不同需要。

（二）京音乐文具套装

智化寺京音乐采用中国传统的工尺谱记谱，这种曲谱因用工、尺等谱字记写而得名，普遍地运用于我国说唱音乐、戏曲音乐与民间器乐中。智化寺工尺谱以

图七　智化寺京音乐纪念章之一

图八　智化寺京音乐纪念章之二

"合、四、一、上、尺、工、凡、六、五"等汉字记录音高，以"ソ"记录板眼。在我馆开发的京音乐系列文创产品中，以工尺谱为主要元素，生产制作了包含铅笔、橡皮、尺子、便笺本、收纳袋等的文具套装（图九），这款文具套装主要针对学生群体设计，希望能给他们的学习生涯增添一些博物馆文化气息。

（三）京音乐乐器书签

智化寺京音乐的主奏乐器主要有管、笛、笙、云锣和鼓，其中，管为领奏乐器，部分乐曲还需要铙、钹等打击乐器。

与我国一般民乐所用的乐器有所不同，智化寺京音乐的演奏乐器各具特色。其中，主奏乐器——九孔管沿用了宋代前七孔后二孔的形制，其音色坚实有力而又

图九　工尺谱文具套装

宽广辽阔，注重表现出乐曲的神韵；智化寺京音乐曾使用匀孔笛，今天使用中音笛，以流畅的花音和装饰音穿插于古朴的旋律当中；笙一直沿用宋代的十七簧笙，起着融合乐队音色和连接乐句的重要作用；云锣出现于唐代，宋、元时期被广泛使用，京音乐所使用的传统云锣由十面音高不同的铜锣组成，其清脆悦耳的声音使每一位听众印象深刻。根据京音乐的乐器形制，我们选取其中的笙、管、笛、云锣四件乐器进行了开发，生产出精美的乐器书签。

（四）京音乐茶具套装

中华茶文化源远流长，博大精深。若是能将博物馆文化资源与茶具融合在一起，相信会开发出符合现代人审美需要的文创产品。对此，我馆进行了尝试，开发了一个盖碗配四个小杯子的京音乐茶具套装（图一〇）。茶具用景德镇瓷烧制，成品胎薄质轻，手感细腻。外观以京音乐传承人手抄的工尺谱为主要图案，配以"敕赐智化寺"logo，图案清晰，文化气息浓郁，融智化寺京音乐文化和茶文化于一体。

（五）以京音乐为元素的生活类文创产品

为了让京音乐元素更好地融入生活，我们设计开发了一批以京音乐为元素的生活类文创产品，如京音乐领带、T恤、行李牌、收纳袋等，让博物馆文创产品融入到日常生活中。

（六）京音乐传承人手抄工尺谱系列

在我馆开发的京音乐文创产品中，由第二十七代传承人亲手抄写的工尺谱也是一份非常珍贵的文化产品。我们把手抄工尺谱进行适度的装裱，使之成为具有收藏价值的文创产品。

三、根据馆藏文物开发文创产品

在博物馆文创产品的开发过程中，要善于利用好本馆的文物资源，深入发掘其内涵，体现出文物的历史意义和文化价值。通过开发文创产品，把这些富有深厚底蕴的藏品所蕴含的历史信息有效地传递给广大观众，把藏品的故事讲给大家听。我馆利用了馆藏的碑刻、龙纹大鼓等藏品进行了初步探索，设计制作了一批文创产品。

（一）"敕赐"帆布包

帆布包是日常生活中常见的一种收纳工具。各大博物馆以帆布包作为文创产品的不在少数，这就要求我们在设计开发时要做到大胆设计、推陈出新，这款"敕赐"帆布包上的"敕赐"二字取自我馆石碑碑额上的篆字，整体设计简洁大方，主题突出（图一一）。

首先，这款帆布包最抢眼的就是"敕

图一〇　京音乐茶具套装

赐"二字，主题明确，设计简明。其次，在配色方案上，选取了白色和紫色相互配合，使得帆布包显得高雅素净。再次，帆布包的内衬也是经过精心设计的，其图案选自如来殿内佛前立侍之一——帝释天的衣裙下摆的宝相花和卷草纹样（图一二）。宝相花纹是中国古代传统装饰纹样，一般以牡丹、莲花为主体造型，中间夹杂着形状不同、粗细有别的其他花叶，加以多层次的花瓣表现形式，显得格外富丽、珍贵；卷草纹是中国传统图案之一，多取自忍冬、荷花、兰花、牡丹等花草，经处理后作"S"形波状曲线排列，构成曲卷圆润的连续纹样。"敕赐"帆布包的内衬由这两种图案经过艺术加工而成，表现出植物生长的动态美，也被赋予了美好的寓意。

（二）依托馆藏明代龙纹大鼓进行的文创产品开发

智化寺的鼓楼中原存放着一面明代龙纹大鼓。鼓身、鼓面均装饰有"二龙戏珠"的纹样，整个大鼓共有12条金龙，象征一年十二个月风调雨顺、平安幸福。鼓身采用"沥粉贴金"的制作工艺，呈现出一种近似于浮雕的效果，使得鼓身金龙腾跃盘绕，龙鳞层次分明，栩栩如生，整个构图灵活丰满，极具立体感，贴金之后又使整个大鼓显得高贵华丽。"二龙戏珠"是我国的传统图案，表达了吉祥安泰和祝颂平安与长寿之意。我馆提取出馆藏明代大鼓的"二龙戏珠"图案，生产出鼠标垫、马克杯等文创产品。

（三）金莲花系列文创产品

莲花"出淤泥而不染"，是美好、善良、圣洁、宽容的象征。文博馆因处于智化寺这座佛教寺庙之内，方便就地取材。这朵金莲花取材于智化殿中供奉的横三世佛佛像背光上的莲花图案。该图案属于木雕贴金缠枝莲花，莲瓣饱满，极具装饰性。我馆已经采用金莲花作为馆标，并围绕金莲花这一素材，开发出了系列文创产品，如书签、钥匙链、笔记本等。

四、对博物馆文创产品开发的思考

博物馆文创产品的开发是对本馆文化资源的探索，是一个需要下功夫的过程。文创产品并不是简单地将藏品进行复制、将藏品的纹样进行堆叠，而是需要有专业人士深入开展研究、合理适当设计。在文博馆文创产品开发的过程中，我们产生了以下几点思考。

（一）文创产品开发之前应做好调研工作，满足游客的多元需求

文化创意不是凭空产生的，每一件文创产品的开发都应该经过观众调研，但是目前的状态往往是博物馆一厢情愿地开发产品，认为本馆开发出的产品观众肯定喜欢。但事实上，有时观众的需求与我们开

图一一 "敕赐"帆布包成品图（正面）

图一二 "敕赐"帆布包成品图（内部）

发出的产品并不吻合。

因此，在进行一件产品的开发生产时，要先开展调研工作。首先，是对观众需求的调研，博物馆文创工作人员可以通过访谈、问卷、网络信息查询等多种方式了解观众需求，对将要开发的产品进行预判。我们还要多了解观众的想法和意见，多请观众审看设计和制作纪念品的方案。博物馆文创人员要从普通游客的视角对产品进行判断，先要开发出令自己满意的文创产品，然后再进行推广。只有了解了观众的爱好和欣赏水平，博物馆才能有针对性地设计出观众喜欢的文创产品，从而吸引住观众的目光。

其次，是对同类商品销售量的调研，了解本馆和他馆同类型产品的销售量，有助于更好地进行开发生产。对容易滞销的产品要慎重生产。比如随着智能手机的普及，手机链已逐渐失去市场；又如根据临展开发出的文创产品，随着展览的结束，容易造成产品的积压。这就要求我们在进行产品生产前把控好产品数量，科学有效地进行文创产品的生产销售。

再次，对文创产品的购买人群做分析，由于年龄、性别、知识结构、购买能力的不同，他们的关注点也不尽相同。博物馆文创产品的种类很多，从价值几元的明信片、小配饰到几百元的茶具套装、再到几千元的工艺品，应该分别针对儿童、成年人和老年人等不同人群而设置。由于博物馆最集中、最系统、最生动地展示了各个国家和地区灿烂的历史文化、民族风情和科学技术等内容，很多人尤其是国外旅游者都把博物馆作为解读某个国家和地区文明的起点，因此要同时考虑国外游客的购买需求。在做好观众调研的基础上对收集来的数据进行分析，之后再选择性地开发观众普遍感兴趣的文创产品并投入市场。

（二）立足本馆，开发有特色的文创产品

博物馆独具特色的历史和文化遗存，是天生的优势。我们要充分把握住这份优势，对藏品进行精细的研究，确定本馆独特的文化内涵，才能够成功地开发出有特色的产品。博物馆文创产品是博物馆藏品、展览的延伸，不能单单作为商品出售，而应该浓缩着博物馆文化，沉淀着对古都北京的记忆，是具有鲜明地域文化特色的产品。每个博物馆都有自己独特的文化资源，正是这份与众不同，给了博物馆文创产品以充分发展的空间。文博馆充分利用了古建、音乐、藏品等元素，开发出具有本馆特色的相关文创产品。无论是旋子彩画的丝巾，还是京音乐茶具，或是"敕赐"帆布包，无一例外都是以我馆文化资源为元素，每一件产品都能讲述文物背后的故事。

（三）增强品牌意识，打造文创产品logo

在博物馆文创产品logo的设计上，也需要花费心思，一款适宜的logo可以给文创产品增添魅力，也能打造出博物馆的文化品牌。

智化寺是明英宗时期的司礼监大太监王振所建，正统九年（1444）寺庙建成后，王振上报给皇帝，得英宗赐予寺名。目前寺庙山门上的汉白玉横匾"敕赐智化寺"仍留存完好。

由于智化寺为明英宗"敕赐"，使得这座寺庙拥有了"皇家背景"，在山门门匾、院内石碑中均能找到"敕赐智化寺"几个文字。因此，我馆在进行文创产品开发时，决定将"敕赐智化寺"作为文创产品的logo。我们采取了文字组合的方式进行设计，首先是选取"敕赐"二字，通过对比山门门匾和院内石碑上的不同字体，最终选择了智化寺门前石碑碑额中的"敕赐"二字（图一三）。该石碑碑额为双龙戏珠雕饰，上书篆字"敕赐智化禅寺之记碑"，篆字具有其独特的书写手法与艺术魅力，在设计文创产品时，我们选择了篆字的"敕赐"二字。其次是选择"智化寺"三个字的字体，篆字的艺术性虽然较高,但却不易识读,而楷体因为形体方正、笔画平直、字体端正、便于识认而成为了现在通行的汉字手写正体字。因此,我们选择了山门门额中的"智化寺"与石碑上的"敕赐"进行组合,最终形成了"敕赐智化寺"的logo(图一四)。

(四)提升博物馆文创产品的精美度和实用性

观众对博物馆文创产品品质要求的日益提高,促使我们在设计开发文创产品时,首先要注重其精美度和实用性。博物馆文创产品既是带有文化气息的艺术品,又是可以消费的生活用品,消费者购买回家之后,可以随时随地地使用而不是束之高阁。随着每一次的使用,必会把产品所携带的文化信息一

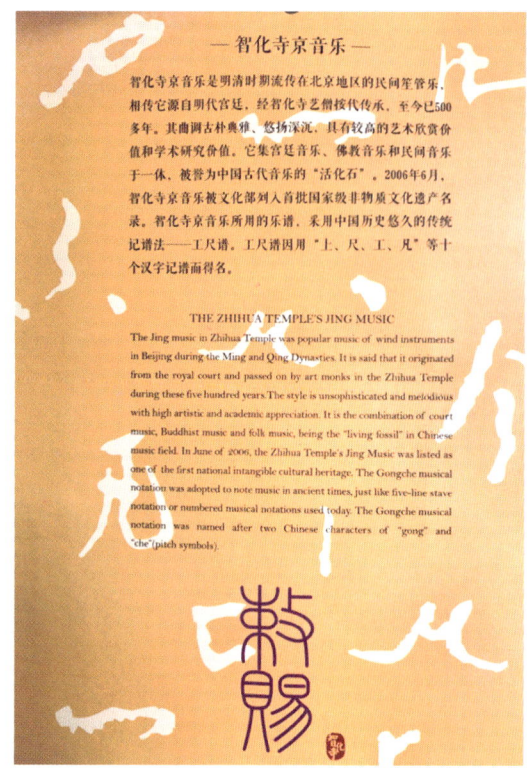

图一五 京音乐文具套装包装上的说明文字

图一三 敕赐智化禅寺之记碑及碑额拓片

图一四 敕赐智化寺logo

次次地传递给使用者,从而不断地拉近博物馆与公众之间的距离。

其次,产品的包装也要力求精致,要在视觉上有冲击力,激起游客对美的追求,从而产生购买欲望。文创产品随着购买者走出了博物馆大门,甚至走出国门,让历史文化走进了人们的日常生活。一件精美的产品,配合着精致的包装及精彩的文字介绍,公众购买之后无论是馈赠亲友还是自己收藏,都能把欣赏文创产品的过程变成一堂绝佳的文化课,从而深深地感到文化的魅力。文创产品的包装也要有所讲究,并不是越华丽越好,而是要为产品服务,体现其文化价值,成为产品文化内涵的宣传载体。

以文博馆的产品包装为例,在生产京音乐系列纪念章之初,我们并未进行包装设计,只是将纪念章零散出售。后来根据游客的要求,我们制作了产品外包装,增加了纪念章的中英文文字说明,同时在包装盒上增加"敕赐智化寺"logo,很好地

宣传了博物馆文化，并体现出纪念章的文化内涵。

在京音乐文具套装的包装上，增加了智化寺京音乐和工尺谱的介绍（图一五），让游客能更好地了解京音乐的相关知识，又起到了很好的宣传效果。

（五）打造博物馆文创产品区，提供优雅的购物环境

博物馆文创产品区应选择适当的位置，要设立在游客容易找到的地方，并增加标识牌，并力求提供给顾客舒适的设施、明亮愉悦的购物环境和全面细致的服务，激发观众对博物馆的感情，从而由衷地喜爱和信任博物馆文创产品。

以文博馆为例，我馆开辟了博物馆文创产品展示区，展示、出售文创产品，合理的产品摆放、适度的照明、轻松的购物环境，给每一位游客提供良好的服务，我们努力把博物馆文创区域打造成为"博物馆最后的一个展厅"。

（六）积极探索道路，加强交流与合作

博物馆间的交流与合作可以拓宽文创产品的开发思路。每个博物馆都有其独有的文创产品，参观其他博物馆，可以提取出可创造的文化素材；相互交流文创产品的开发心得，可以受到启发，开拓思路；参加一些文化创意产业博览会、文创工作研讨会，可以了解文创产品的发展前沿，把握发展潮流，更新设计理念；网站、微信、APP等媒体宣传也能起到很好的效果，必要时可与淘宝、天猫等网上购物平台合作，共同推广博物馆文创产品。

同时，博物馆间的合作也十分重要，一些博物馆，特别是中小型博物馆，可以积极探索相互间的文创产品开发合作意向，也可与大型博物馆，甚至是省外国外的博物馆联手共同推出文化创意产品。博物馆也应该加强与文化创意公司的合作，借助社会力量设计文创产品。博物馆具有丰富的文化资源，文创公司具有先进的设计理念、优秀的设计团队，二者的联合可以开发出更精美的文化创意产品。此外，也可以和相关旅游部门合作，配合旅游进行营销，提升地方旅游的文化含量，同时提升博物馆的影响。

五、结语

博物馆蕴含着大量的文化资源，通过文创产品一方面可以满足人们对文化的需求，另一方面也起到了很好的宣传展示博物馆的作用。博物馆的文化创意产品不仅要具有观赏性、实用性，还要富有历史文化性。我们要处理好艺术特色与产品定位之间的关系，挖掘本馆的特色文化，树立品牌意识，注重更新理念，以文化背景为文创产品设计创作的灵魂，充分发掘本馆文化资源优势，开发出独具特色的博物馆文创产品，并通过这些文创产品让文物活起来，传递历史文化，弘扬中华文明。同时，加大对博物馆文化创意产业的经营管理力度，使其步入良性发展的循环轨道。通过博物馆的文创产品吸引更多的人了解博物馆，走进博物馆，喜爱博物馆，并可以带博物馆文化回家，用博物馆文化装点日常生活。

（作者单位：北京文博交流馆）

以智化寺为例浅析古建筑群火灾危险性及防护措施

孙 淼

智化寺建成于明正统九年（1444），初为明英宗时期的司礼监太监王振家庙。目前智化寺中轴线上的主体建筑保存基本完整，仍保持着许多明代风格，是北京城内保存较为完整的明代木结构建筑群，早在1961年就被国务院确立为第一批"全国重点文物保护单位"。智化寺汇集古乐、造像、雕刻、彩绘等传统文化艺术，是一座充分体现着华夏先民智慧和古建筑营造之美的宝库，具有较高的历史价值、文化价值、艺术价值与科学价值。

自古以来，建筑的防火问题一直伴随在人们日常生活左右。在科技不发达的古代，"防患于未然"是防火的指导思想。古人通过将建筑建造在水源地附近、砌筑厚厚的防火墙、建筑周围盛水器盛满救火用水、用沙土和水来灭火、发明灭火救援器具、建立专职消防队等措施来降低火灾的发生率。而今，古建筑的年久失修、建筑构件老化、电器设备安装或使用不规范、人们防火意识的薄弱等问题有时会导致珍贵古建筑及其附属文物从此消失。北京地域内的寺庙建筑等古建筑群，因为有着独特的地理环境、人文环境与建筑特点，如何采用适宜的防火措施来保护是一项紧迫而重要的课题。

一、智化寺古建筑群的建筑特点

（一）寺庙总体布局

根据历史相关记载，智化寺始建之初是在一片高地之上，随着时间的推移，智化寺目前的地势已经低于街道平面一米以上，进入智化寺，首先要步行通过垂直高度约一米的高台阶。根据使用功能的不同，庙内建筑主要由山门、钟鼓楼、殿堂、塔、寺庙管理机构、围墙等单元组成。寺庙总平面形状多样，大多数为矩形，以主殿（一般称大雄宝殿）为中心，其他建筑单元围绕主殿灵活布置，有较强的随意性和不规则性。尽管寺庙建筑布局灵活多样，但在变化中仍充分体现佛教的宇宙观及曼陀罗、坛城等佛教对世界认识的演变形式。

（二）单体建筑特点

智化寺古建筑的平面形式主要为矩形。其中主殿左右对称，多以"回"字形布置，部分以"十"字形平面来体现佛教中的宇宙观（图一、图二），部分建筑构件有明显的藏式图案及风格（图三至图五）。建筑结构属于混合结构，内部采用

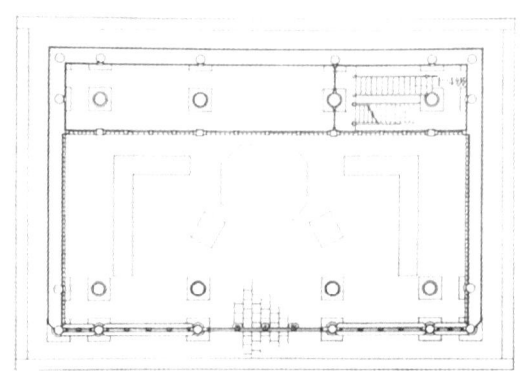

图一 智化寺如来殿一层平面柱网图

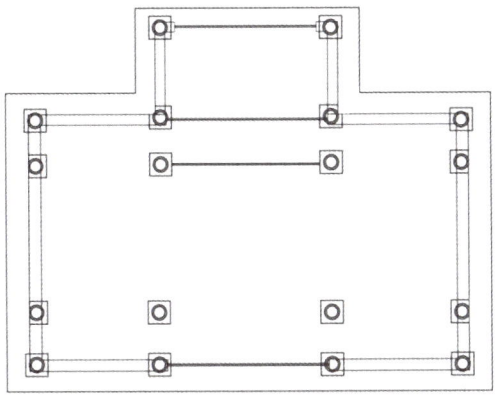

图二　智化寺智化殿平面柱网图

图三　智化寺转轮藏细部

图四　智化寺如来殿经柜

图五　智化寺如来殿一层斜板天花

木结构，柱网上承梁，梁上承椽，椽上搁置木条、木板或木枝，最上是灰黑色琉璃瓦。外墙采用砖石、木结构砌筑，逐层收分，与内部梁架共同承担上部荷载。因内部柱网间距较小，所以各层平面可灵活布局，变化较大。建筑的内部采用柱结构分隔空间，面阔开间形式向外开窗，木质窗框，窗洞较大。

二、古建筑群火灾危险性因素

（一）古建筑防火间距无法满足防火需求

新版《建筑设计防火规范》GB 50016-2014中规定："在总平面布局中，应合理确定建筑的位置、防火间距、消防车道和消防水源等。"并对民用木结构建筑之间及其与其他民用建筑的防火间距做出明确规定（表一）。另外，规范中另注明："两座木结构建筑之间或木结构建筑与其他民用建筑之间，外墙均无任何门、窗、洞口时，防火间距可为4米，外墙上的门、窗、洞口不正对开设且开口面积之和不大于外墙面积的10%时，其防火间距可按本表的规定减少25%。"一些古建筑多在不同功能单元下成群落布置，建筑密度高，很多古建筑紧密毗邻，建筑间的防火间距多数达不到上述要求。

表一　民用木结构建筑之间及其与其他民用建筑的防火间距（单位：米）

建筑耐火等级或类别	一、二级	三级	木结构建筑	四级
木结构建筑	8	9	10	11

（二）单体建筑耐火等级较低

古建筑的平面多为矩形，内部房间的布置灵活多样。许多房间和大殿相连，相邻的房间都可以到达公共廊台。以智化寺为例，三进院内有如来殿（万佛阁），西侧距离外墙不足一米（图六），内有东西楼梯各一，楼梯宽度过窄，有的仅供一人上下，踏步普遍过高，踏面过窄，不利于人员的安全通过。在佛殿的中央一般为开敞式大空间，内部排列整齐的柱网，大空间与四周没有有效的防火分隔，容易导致火灾迅速蔓延。房间在建筑初期使用木材为主的建筑材料，室内装饰多为易燃材料，对防火极为不利。而民用的古建筑中，人为地使用明火、大功率电器等习惯更是增加室内着火点。一些为宗教部门所使用的场所，更是不能避免宗教活动中的点酥油灯、烧香等习俗，造成极高的火灾隐患。

建筑材料方面，古建筑以土、木、石为建筑材料。木结构采用松、柏、杨等含油脂较多的木质材料制作，因年久并经过北京多年干燥少雨的天气，含水量较低，极易燃烧。如果不加阻燃处理，很难达到四级耐火等级的要求。由于年久失修、构件老化等因素，其他建筑构件耐火极限大大降低，火灾隐患比较严重。

总而言之，北京很多古建筑的耐火极限普遍达不到四级耐火等级的要求，火灾隐患问题突出。

（三）灭火救援受阻

一些古建筑"隐匿"于老城区，以"智化寺""柏林寺"为例，寺庙内建筑布局相对松散，以院墙为界，周边民房林立，许多临时建筑邻墙而建，甚至依墙而建（图七、图八），建筑间距很多达不到4米，消防车能到达的区域非常有限，甚至无法通过，消防通道十分闭塞。许多建筑因周围缺少供消防车作业的救援场地，从而影响救援行动。

（四）消防设施受到制约

位于城市中心的古建，虽然市政给水管线已经到达古建附近，但是部分消火栓设置不合理，或者无法使用，从而影响消防取水。《建筑设计防火规范》GB 50016-2014中规定："国家级文物保护单位的重点砖木或木结构的古建筑，宜设置室内消火栓系统。"作为文物保护单位的古建筑，多数配有自动灭火系统、专门的消防电源及配电、消防应急照明等设施，虽然有这些标准化设施，应用却受到实际情况的制约。而北京城市中心地带（二环路内）作为民用的古建筑连这些设施也不尽完善。

（五）电力线路及电器存在安全隐患

一些古建筑室内外的电力线路多出

图六　智化寺如来殿与外墙

图七　智化寺如来殿内两侧民房与主体建筑

图八　智化寺如来殿两侧民房与主体建筑

现老化、布局凌乱、无防火保护等现象。室内配电线路多铺设在木柱、木板、木梁、檩等可燃物上，且无穿金属管作防火保护，如果配电线路出现漏电、短路、超负荷等现象，室内大量木结构、现代家具等可燃物将瞬间被点燃。在电器的使用方面，照明灯具、生活电器等功率较大，容易造成配电线路的超负荷运行，易引起火灾。2017年智化寺用近一年时间进行电力改造，对直接裸露室外的配电设备、闸刀开关及各种电器设备的开关进行了改造。但是周边住户的电线及电器隐患依旧是严重困扰智化寺的重大安全问题。

（六）消防管理不到位

目前，适用于古建筑的消防管理法规主要有《中华人民共和国消防法》《北京市消防条例》《古建筑消防管理规则》等。这些法律法规明确规定了相关的管理措施，由于人为因素等影响，各处古建在消防管理方面存在较大的差异。

《中华人民共和国消防法》第三十九条规定："距公安消防队较远、被列为全国重点文物保护单位的古建筑群管理单位，应当建立单位专职消防队，承担本单位的火灾扑救工作。"目前，智化寺已设立专职的消防队，能够将院内的火灾消除于萌芽状态，但是由于地理位置因素，如果院外周边起火，专业消防队不能迅速到达，极易错失灭火的最佳时机，造成无可挽回的损失。建议消防系统对辖区内的文物保护单位制作消防地图，消防队到现场可以顺利、迅速展开扑救行动。

三、古建筑群火灾防护措施

（一）基本原则

古建筑群是珍贵的建筑遗产，在进行火灾防护措施研究之前首先应当把握文物保护的基本方针和政策。目前，我国有关文物保护的法律法规、指导性文件主要有《中华人民共和国文物保护法》《中华人民共和国文物保护法实施细则》《中国文物古迹保护准则》《西安宣言》《北京宣言》等。根据这些指导性文件，文物保护要遵循真实性原则、完整性原则、最小干预原则、多方受益原则、永续发展原则。《中华人民共和国消防法》第二条规定："消防工作贯彻预防为主、防消结合的方针。"

古建筑因为其建造年代久远,当时的设计理念和建造工艺与当代建筑相比差异很大。将当代建筑的消防措施完全套用于古建筑是不可行的。况且,古建筑一旦发生火灾,即使被迅速扑灭,其原有的历史价值、艺术价值、科技价值、文化价值也会受到损失,这种损失是不可弥补的。古建筑是不可再生的资源。因此,我们应适当遵循古人"防患于未然"的消防理念,在古建筑的火灾防护措施中,把"预防为主"的原则放到首位,结合文物保护的真实性原则、完整性原则、最小干预原则、多方受益原则、永续发展原则制定适用于北京古建筑的火灾防护措施。

(二)保护规划

在对北京重点古建筑群进行维修之前,应当先编制保护规划,在保护规划中应强调消防内容。与消防系统及时联动绘制消防地图,在基础设施规划方面要明确排水管网给排水或是设置古建内消防水池,其大概方位是在哪里。在用电方面,要明确供电电源从哪里引入,将古建临时架空的电线改为埋地铺设。古建内外的道路、停车场规划要满足消防通道和救援场地的相关设置要求。

保护规划中,外部环境的整治措施是对古建筑消防安全的重要保证。对于古建筑普遍存在的防火间距不足的问题,应将不符合历史格局风貌、后期私搭乱建的建筑根据现场条件予以拆除,保证古建筑间的防火间距,打通消防通道。

(三)消防设施

根据《消防给水规范》GB 50974-2014:"国家级文物保护单位的重点砖木、木结构的建筑物室外消火栓设计流量,按三级耐火等级民用建筑物消火栓设计流量确定。"消防水池蓄水量最低不宜小于100立方米,但是由于保护现状、周边环境、天气、人员等多种原因,大多无法落到实处。以智化寺为例,夏天还好解决,目前冬天采取殿内贮藏大塑料桶、桶内注满盐水的方式来应对。

北京现行的地方标准为2003年颁布的《细水雾灭火系统设计、施工、验收规范》DBJ01-74-2003,鉴于文物保护的最小干预原则,很多标准与文物保护有悖,建议在具体设置与使用时具体问题具体分析,充分保护文物主体的"原装性"。

(四)电气改造

根据《建筑设计防火规范》GB 50016-2014,国家级文物保护单位的重点砖木或木结构古建筑,非消防用电负荷的,宜设置电气火灾监控系统。单体建筑或者古建筑群在一定规模,设置单独变电设施,防止超电容负荷运转。2017年5月至12月,智化寺进行了电力系统升级改造。电路改造中,明线改暗线,穿管埋入地下,更换了全新的电压箱等,所有单体建筑单独在外部设立总开关,做到人走断电,在用电基础设施上确保了智化寺内的用电安全。目前政府使用的一些古建筑状况还好,矛盾仍旧重点集中在民用建筑,或者是公管民用的古建筑当中。

(五)科技手段与土办法结合,预防为主

就北京东、西城区而言,很多古建筑周边已经形成固定的人文环境与整体建筑格局,作为古建筑的管理使用单位,守土有责,内部要有相应的预防应对措施。

以智化寺现有格局及外围情况,拆除违建一法根本不现实。针对智化寺为明代木结构建筑群、边界不规整、单体建筑耐火等级低的特点,我们采取了安防、人防、技防"三防到位"的措施。安防烟感时时监测;安保人员、在职职工随时巡查;监控设施24小时有人轮流盯守。鉴于智化寺地处密集的居民聚集区、周边民居林立、大型消防车辆无法及时靠近的情况,院内储存大量的灭火器材,2000余平方米的院子里设有大小灭火器200多个,各个大殿转角位置放置大容量水桶(图九)。每周检查消防井,每次检查都要简单放水,以确保正常使用。周边居住的群众是不可忽视的"同盟军",智化寺也为

图九 智化寺如来殿应急水桶

图一〇 智化寺如来殿灭火器

他们配发了适当数量的灭火器材。

同时，可以采取其他方式加以预防，以便在火情发生时，第一时间将火势消灭在萌芽状态。首先，思想重视。制定消防安全工作预案，责任层层分解，签订安全工作责任书，安全工作及责任落实到人。加强职工安全知识教育，提高职工安全意识。其次，内外联合。与街道、地区消防支队联动合作，与周边居民签署安全协议，并发放安全知识材料，做到安全工作联防，群防群治。在平时内部演练的基础上，邀请相关单位及周边群众一起进行防火演练。其三，硬件保证。在各开放展厅及重点区域放置灭火水桶及灭火器（图一〇），每半年对灭火器等器材进行更新检查，随时进行使用抽查。定期进行电消检及高清云台检测，重点位置加装应急照明、安全疏散指示牌等。

四、结语

以智化寺为代表的古建筑是中国历史文化的缩影，同时也是实现中华民族伟大复兴中国梦的一颗绚烂的种子，在中华历史文化丰富精华的滋养下生根发芽，茁壮成长，最终成为具有生命力、感染力的"活的"文物，它们正用自己独特的姿态向全世界讲述中华历史文明的故事。面对"民族复兴"的伟大目标和日益强烈的文化重建的呼声，我们应当立即行动起来，保护历史、捍卫文明，不要以文明的损毁和坍塌为代价，再重建文明。珍惜眼前，保护文物，从安全防火着手！

（作者单位：北京文博交流馆）

北京市文物局2018年二季度文博事业大事记

北京市文物局办公室

4月3日 中轴线遗产点之一社稷坛文物腾退项目启动。

4月5日 "戊戌年清明德胜门军礼展演"在北京市古代钱币展览馆举行。活动模拟明代仲春阅兵及演武的模式,将古代军阵文化、铠甲文化、服饰文化、礼仪文化等非物质文化遗产与德胜门箭楼这一古代军事坐标相结合。

4月11日 第二轮《北京志·文物志》复审会在市文物局召开。会议宣布《文物志》通过复审、报送终审的决定,并提出要进一步提高对修志工作的认识,落实志稿修改,立足当前做好下一轮修志工作。

4月12日 "闻·悟北京"系列活动之"品·鉴"正式启动。4位盲人代表走进北京石刻艺术博物馆和大钟寺古钟博物馆,在专业讲解员量身定制的讲解下,用"心"看文物、品文物、悟文物。

市直机关青年公务员读书大讲堂第22讲走进首都博物馆,240余名市直机关青年干部参观了"天路文华——西藏历史文化展",策展人、青年专家张杰讲解,中央民族大学苏发祥教授就"古代汉藏文化交流及其特点"授课。

4月16日 《北京市文物局学术委员会工作规则》《北京市文物局青年业务人员科研成果出版项目评审委员会工作规则》及委员名单经局长办公会审议通过。

4月13日、17日 "闻·悟北京"系列活动之"乐·鉴"正式启动。以相声演员应宁为代表的六名曲艺工作者分别来到圆明园管理处和北京市正阳门管理处,与专家老师密切交流和实地采风。

4月19日 通州区潞城镇棚户区改造工程完成考古勘探32万平方米,探明各类古代遗迹370处,其中汉代至明清墓葬338座,汉代窑址32座。

4月19—20日 市文物局督导组对大葆台西汉墓博物馆、白塔寺、老舍纪念馆等单位进行杨柳飞絮火灾防控工作检查,督促各单位将责任落实到人,确保文物和人员安全。

4月21日 "北京·上宅遗址研究保护与发展专家研讨会"在平谷区举行。

4月22日 市文物局、市慈善义工联合会联合在全市举办主题为"三个文化带的保护与传承"的北京文物安全保护志愿服务行动四周年宣传活动,宣传文物安全保护工作重要性、必要性,并积极动员市民踊跃报名参与到文保队伍中。

4月22—26日 北京文博交流馆代表团赴英国参加首届国际音乐节,在大英博物馆奏响具有500多年历史的智化寺京音乐,并展示了中国传统工尺谱的韵唱。

4月24日 市文物局、市园林绿化局会同市规土委组织有关单位召开会议,研究西山永定河文化带保护发展规划空间结构及四至范围、保护发展规划总体框架及分区规划编制技术要求。

4月26日 市委常委、宣传部部长杜飞进同志到北京市文物公司虹光阁、宝古斋、萃珍斋经营部调研古代书画、瓷器等文物经营情况。

4月27日　首都博物馆、沈阳故宫博物院在沈阳签署《协同发展战略合作协议》。两馆本着"优势互补""共建共享""统一开放"原则，在统筹发展规划、推进人才培养、打造研究平台、共建共享文物保护基地、深化展览陈列交流、推动公共服务、促进文创开发七大重点合作领域达成协同发展战略合作共识。

4月28日　市文物局文物监察执法队成立三个检查组，对全市文博单位进行了五一节前文物安全大抽查。

5月4日　市文物局团委在鲁迅博物馆举办主题团日活动。

5月8日　老舍纪念馆在埃及苏伊士运河大学孔子学院举办"永远的老舍"展览，通过介绍老舍先生生平和创作历程的中英双语图片38张共5块展板，展示老舍先生在当代中国文学领域的成就和贡献。

市政协副主席牛青山同志一行赴故宫博物院，就加强北京老城整体保护工作、进一步挖掘北京历史文化内涵进行专题调研。市文物局副局长于平同志参加调研。

市文物局与市古代建筑研究所、市规划院、市测绘院、十六个区的文物部门就保护范围与建设控制地带修订（三期、四期）工作进行了全面沟通，对本次215处文物的保护范围与建设控制地带修订工作提出了要求，明确了各区文物部门的主责和工作分工，特别对涉密保护范围及建设控制地带图的使用提出了规范要求。

5月9日　市文物局举办2018年度全市文物安全与执法培训班。培训内容涉及新形势下法治政府建设与执法实践、文物行政执法困境与办案技巧、文物犯罪司法解释的理解与适用等专业领域，还增设了文物安全与执法工作经验交流环节。

5月10—14日　市文物局组织首都博物馆、中国铁道博物馆、中国农业博物馆、中国钱币博物馆、北京自然博物馆和北京艺术博物馆等部分北京地区全国博物馆文创开发试点单位参加第十四届深圳文博会，展示了新近开发的文物与科技、旅游等融合的博物馆衍生品。其间，市委常委、宣传部部长杜飞进同志参观了我市文博单位展台，并对文创产品开发与展示工作表示肯定。

5月11日　北京辽金城垣博物馆赴首都医科大学附属小学举办"中国古代纺织展"，通过38块展板展示我国优秀传统文化，拓宽学生知识面。

5月16日　由市文物局主办，首都博物馆、通州区文化委员会承办，北京市文物研究所、通州区博物馆协办的"畿辅通会——通州历史文化展"在首都博物馆开幕。展览分"邈远时代""秦汉变局""水陆之要会、畿辅之襟喉"和"天庾正供、商贾辐辏"四个部分，以中华人民共和国成立以来通州的出土文物为依托，展出文物150组（件），全面展示通州的历史文化底蕴。

5月18日　北京市西周燕都遗址博物馆赴河北与蔚州博物馆合作举办"燕都宴飨——舌尖上的燕国"展览，向观众展示燕都先民的饮食器具，全面解读燕国宴飨的"礼"文化。

北京市正阳门管理处举办"关注北京雨燕"展览，展出36件实物及62幅图片，讲述中华民族"天命玄鸟"的古老传说、"北京雨燕"的生物习性及种群保护与城市生态的相互关系。

经市质量技术监督局批准发布的北京市地方标准《博物馆服务规范》正式实施。

5月24日　国家文物局博物馆司副司长邓超、社会文物处处长吴旻一行赴天竺综合保税区就文物进出境相关政策需求及现存问题进行调研，市文物局市场处处长哈骏、北京市文物进出境鉴定所所长虞海燕、副所长顾斌陪同。邓副司长表示，国家文物局将加强同各有关部门的沟通，使文物部门和海关的衔接更顺畅，保障综保区文物进出境审核工作的顺利进行。

5月25日　市文物局会同市消防局联

合召开全市文物单位消防安全工作会，通报了5·23颐和园火情，部署了文物单位消防隐患排查专项行动。

市文物局与市园林绿化局召开专题工作会，对汉代路县故城遗址公园景观设计及西山永定河文化带保护建设规划等工作进行了深入研究。

5月30日 北京市推进落实加强文物工作实施意见暨第一次全国可移动文物普查工作总结会召开。北京市副市长王宁同志和国家文物局党组副书记、副局长顾玉才同志出席。会议对《北京市关于进一步加强文物工作的实施意见》作解读说明，并表彰了故宫博物院宫廷部、北京奥运博物馆保管部等18家普查工作先进集体和王喆、曲闻等50位先进个人。

北京市副市长王宁同志召开中轴线申遗重点文物腾退实施方案现场推进会，督促检查工作进展，审议细化腾退方案，研究确定腾退方式，在加强司法与资金保障、探索文物腾退路径、制定展示利用规划等方面提出具体要求。

5月31日 市政协主席吉林同志率队对北京中轴线保护进行深化调研，先后视察了永定门城楼、天坛和先农坛，现场分析了天坛和先农坛存在的腾退与修缮问题，强调中轴线申遗综合整治工作的重要性，尤其要加强对中轴线南段的遗产环境的修复与保护。

市文物局会同天安门地区管理委员会联合召开天安门地区文博单位安全工作会，通报了5·23颐和园火情，部署了天安门地区文博单位消防隐患排查专项行动、开展建筑施工安全专项治理行动等工作。

6月1日 以"文博系统学习贯彻党的十九大精神"为主题的北京地区文博行业第十七期专业技术人员和管理人员培训班圆满结束。

6月4日 首都博物馆编著的《极简北京史》中文版出版。该书共2.5万字，从文博学术研究视角，以统一多民族国家首都的形成为主线，以可移动和不可移动文物为线索，语言简洁、图文并茂地书写自50万年前至今的北京历史。

6月6日 市文物局制定公布《北京市文物局关于进一步优化营商环境简化考古调查勘探办理流程的实施意见（试行）》，进一步优化完善社会投资建设项目涉及的考古调查勘探服务事项流程。

6月9日 以"新技术护航文化遗产未来"为主题纪念"文化和自然遗产日"，周口店主会场通过视频展示我市近年来在文物科技保护基础研究、科技考古研究、古代建筑保护等多个方面取得的重要成果，并以周口店遗址第1地点（猿人洞）保护建筑工程为典型案例，引导公众关注与时俱进的文化遗产保护工作，营造全社会关心参与文化遗产保护的良好氛围。

京津冀古乐交流展演暨第八届智化寺音乐节开幕，京津冀9家古乐社共举办6场古乐及民乐展演，向观众呈现多种音乐风格和精湛演奏技艺，现场解读京津冀地区同源同类古乐社的历史及相互关系。

6月21—22日 市文物局牵头的中轴线申遗专项工作组邀请阎崇年、孔繁峙、邱跃、安家瑶、李季、吕舟、边兰春、赵中枢、李建平、郑军等专家，在听取编制单位汇报《北京中轴线申遗综合整治规划实施计划（初稿）》《北京中轴线风貌提升设计管理导则（初稿）》的基础上，实地考察永定门、正阳门、景山（万春亭和寿皇殿）和中轴线沿线环境，对北京中轴线遗产构成、突出普遍价值、文物复建、整治策略和力度等方面提出意见和建议。

6月26日 市委书记蔡奇同志调研中轴线申遗保护工作。

6月29日 市文物局在孔庙和国子监博物馆举办主题为"不忘初心、牢记使命，做忠诚干净担当的好干部"的纪念建党97周年大会，市文物局党组书记、局长舒小峰同志参加大会并讲话。

整理：伊凡